Einleitung

Laubsägen ist eine großartige Möglichkeit, um Kinder in die Welt des Handwerks einzuführen sowie ihre Feinmotorik und Kreativität zu fördern.

Kinder lernen den Umgang mit Werkzeugen und entwickeln ein Gefühl für Materialität und Form. Gleichzeitig fördert das Laubsägen auch das logische Denken, strukturiertes Arbeiten und die räumliche Vorstellungskraft.

In diesem Bastelheft werden verschiedene Weihnachtsmotive in drei Schwierigkeitsstufen für Anfänger, Geübte und Fortgeschrittene vorgestellt. Vom Weihnachtsbaumschmuck über Nussknacker, Engel, Schwibbogen, Lebkuchenhaus und Weihnachtskrippe warten viele zauberhafte Motive darauf mit Laubsäge und Co. nachgebastelt zu werden.

Jede Vorlage wird mit einer Schritt-für-Schritt-Anleitungen, Video und Tipps zum erfolgreichen Laubsägen begleitet.

Wir wünschen viel Spaß beim Sägen und Basteln.

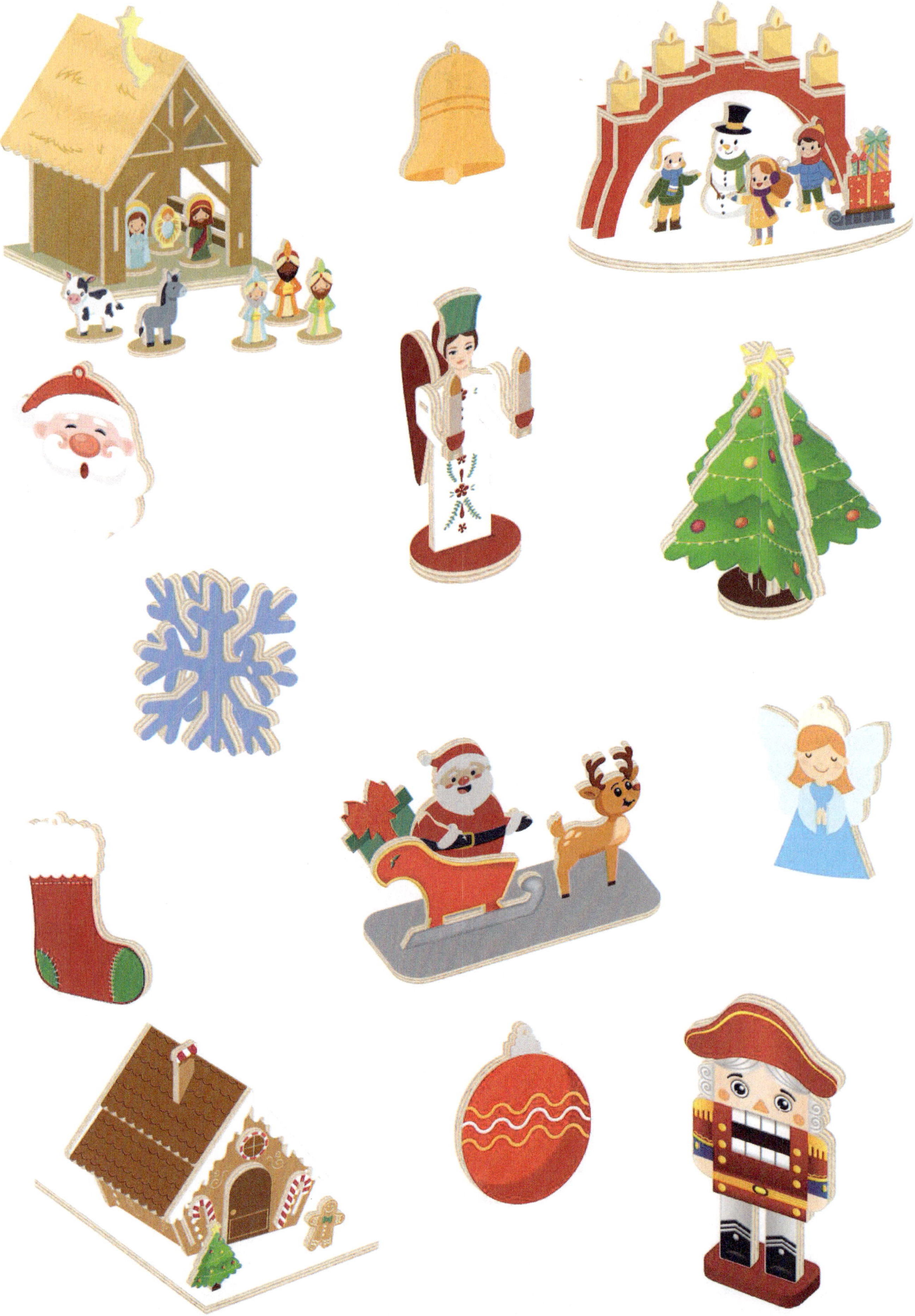

Inhalt

1. Sicherheit & Gesundheit	4
2. Sperrholz	5
3. Werkzeuge	6
4. Tipps & Tricks	8
5. Testsägeseite	10
6. Vorlagen für Anfänger	13
- Weihnachtsbaumschmuck	
7. Vorlagen für Geübte	19
- Tannenbaum	21
- Schneeflocke	27
- Weihnachtsengel	35
- Weihnachsmann und Rudolph	41
- Nussknacker	47
8. Vorlagen für Fortgeschrittene	55
- Lebkuchenhaus	57
- Schwibbogen	69
- Weihnachtskrippe	79
9. Videobereich & Passwort	93
10. Kontakt	93
11. Weitere Laubsägevorlagen	95

1. Sicherheit & Gesundheit

Beim Arbeiten mit einer Laubsäge und Sperrholz ist es wichtig, auf die eigene Sicherheit und Gesundheit zu achten.

Die folgenden 10 einfachen Hinweise können helfen, Verletzungen vorzubeugen und zu vermeiden.

1. Führe nur Arbeiten aus die du dir zutraust verantwortungsvoll durchzuführen. Falls du dich nicht wohlfühlst bei bestimmten Tätigkeiten verzichte darauf oder bitte andere Personen dir zu helfen.
2. Kinder sollten nur unter der Aufsicht der Eltern arbeiten. Bei schwirigen Modellen können die Eltern auch helfen.
3. Deine Kleidung sollte eng am Körper anliegen.
4. Trage keinen Schmuck und binde lange Kopfhaare zusammen.
5. Eine Schutzbrille schützt die Augen vor Holzspänen und Staub.
6. Sorge dafür, dass der Raum gut belüftet ist.
7. Zusätzlich ist eine Atemschutzmaske zu empfehlen.
8. Dein Arbeitsplatz sollte gut ausgeleuchtet sein.
9. Räume regelmäßig deinen Arbeitsplatz auf und entsorge angefallene Holzreste.
10. Ein Erste-Hilfe-Kasten sollte ein in der Nähe stehen, um Kratzer, Schnittverletzungen usw. schnell behandeln zu können.

Insgesamt kann sicheres Arbeiten beim Umgang mit einer Laubsäge und Sperrholz durch eine Kombination aus Schutzkleidung, sorgfältiger Vorbereitung und korrekter Technik gewährleistet werden. Ein wenig Vorsicht und Achtsamkeit können Verletzungen und Unfälle vermeiden und ein angenehmes, erfolgreiches Bastelerlebnis ermöglichen.

2. Sperrholz

Sperrholz ist ein vielseitiges und beliebtes Material für verschiedene Arten von Holzprojekten. Es besteht aus dünnen Holzschichten, die miteinander verleimt sind und eine stabile und widerstandsfähige Oberfläche bilden.

Es gibt verschiedene Arten von Sperrholz, die sich in Dicke, Holzart und Verarbeitung unterscheiden. Es gibt Birkensperrholz, Pappelsperrholz und Kiefernsperrholz. Am gebräuchlichsten ist das fast weiße Pappelsperrholz, dass es sehr weich ist und fast keine Maserungen besitzt.

Für die Holzarbeiten in diesem Buch verwenden wir 4mm dicke Sperrholzplatten im A4-Format.

Die Sperrholzplatte sollte ausreichend groß sein und nicht zu knapp bemessen werden. Gerade zur Fixierung am Tisch oder zum besseren Festhalten empfehlen wir ein etwas größeres Stück zu verwenden - dies erhöht auch den Arbeitsschutz beim Arbeiten.

Tipp
Achte beim Kauf von Sperrholzplatten darauf, dass möglichst wenige Äste im Holz sind.

3. Werkzeuge

Schere
wird beim Ausschneiden der Vorlagen benötigt.

Bleistift
zum Kennzeichnen und Wiedererkennen der ausgeschnittenen Holzteile

Pinsel
zum Bemalen der Holzelemente.
Eine zusätzliche Farbmischpalette hilft beim Farben mischen.

Permanentmarker oder Lackmalstifte
mit wasserfesten Stiften können Details wie Augen nachträglich aufgemalt werden.

Laubsäge
Die Handlaubsäge eignet sich für Sperrholz bis zu einer Stärke von ca. 6 mm. Bei Laubsägearbeiten für Kinder, empfehlen wir eine Größe von 320mm - eine handliche Größe und ideal für kleine Sägearbeiten wie in diesem Buch.

Acrlyfarben und Pinsel
zum Bemalen des Holzes. Man kann sie deckend auftragen oder mit Wasser verdünnen.

Laubsägetisch mit Klemme
vereinfacht das Arbeiten und ermöglicht eine ergonomische Führung der Laubsäge

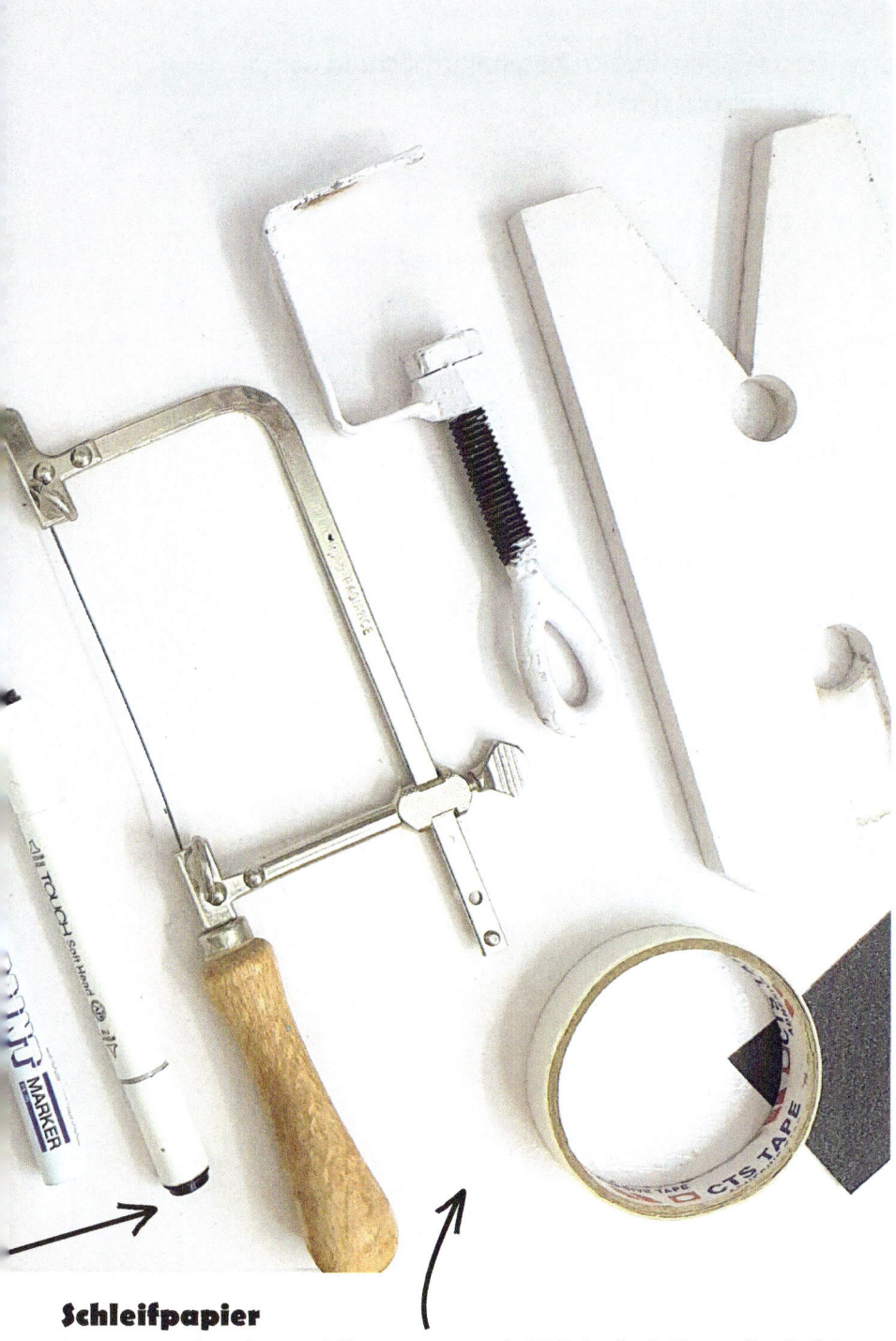

Handbohrer, Dremel, Akkuschrauber
Um erforderliche Löcher zum Einfädeln der Laubsägeblätter in Sperrholzplatten zu bohren. Diese Löcher können aber auch schnell und einfach mit dem Drillbohrer vorgenommen werden.

Holzleim
zum Zusammenkleben der Holzteile. Holzleim braucht mehrere Stunden zum Trocknen. Das Objekt am besten über Nacht stehen lassen.

Schraubzwingen
sind hilfreich um Holzteile am Tisch zu fixieren.

Holzfeile
Mit einer Holzfeile können grobe Unebenheiten an der Sägekante (innenliegende Flächen) und Ecken am Sperrholz abgefeilt werden.

Doppelseitiges Klebeband
hilfreich beim Aufkleben der Vordrucke auf das Sperrholz. Großflächig auf das Sperrholz aufbringen um ein Verrutschen der Vorlage zu vermeiden.

Schleifpapier
ist in verschiedenen Körnungen erhältlich. Je höher die Zahl desto feiner die Körnung. Mit einem groben Schleifpapier (60-100er Körnung) die Kanten nacharbeiten. Mit einer feinen Körnung (120-180er) die Kanten glätten und Oberflächen bearbeiten.

4. Tipps & Tricks

Bevor du mit dem Basteln und Sägen endlich beginnst, möchten wir dir noch ein paar hilfreiche Tipps mit auf den Weg geben.

Vor Beginn
Eine gute Vorbereitung ist die halbe Miete. Alle Werkzeuge und Materialien sollten vor Beginn des Projekts übersichtlich bereitgestellt werden.

Führung der Laubsäge
Die Laubsäge sollte gerade gehalten und mit langsamen Sägebewegungen und leichtem Druck durch das Sperrholz geführt werden. Es ist besser, mehrere sanfte Sägebewegungen auszuführen, als mit zu viel Kraft zu sägen. Stell sicher, dass das Sägeblatt gut gespannt ist.

Scharfe Ecken sägen
An scharfen Ecken und verwinkelten Stellen langsam auf der Stelle sägen und das Sperrholzstück langsam dabei drehen. Nicht die Säge drehen, da sonst das Sägeblatt reißen könnte.

Mit Schleifpapier Holzkanten brechen
Fransige Sägekanten können mit einem Schleifpapier geschliffen bzw. abgerundet werden. Dabei sollte immer in Maserrichtung des Holzes geschliffen werden. Bei den innenliegenden Flächen kann auch der Einsatz einer Holzfeile sehr nützlich sein.

Bohren und Aussägen innen liegender Flächen

Zum Aussägen von innenliegenden Flächen wird zunächst ein Loch zentral in die Fläche (Rechteck / Quadrat auf Vorlage) gebohrt.
Zudem empfehlen wir ein Abfallstück des Sperrholzes unterzulegen, damit die Bohrlöcher nicht ausfransen.

Das Sägeblatt wird dann ausgespannt und durch das gebohrte Loch gefädelt. Im Anschluss das Sägeblatt wieder einspannen und die innenliegende Fläche vorsichtig aussägen.

Bei besonders kleinen Holzteilen empfehlen wir zuerst die innenliegenden Flächen auszusägen - danach die Außenkontur der Vorlage.

Tipp

Wir haben ein extra Video zum Aussägen von innenliegenden Flächen im Videobereich hinterlegt. Dort siehst du alle Einzelschritte ausführlich.

Fixierung der Sperrholzplatte

Die Sperrholzplatte sollte immer fest auf dem Laubsäge-Tischchen gedrückt werden, um ein verrutschen zu vermeiden. Die Sperrholzplatte kann auch mit Hilfe einer Schraubzwinge am Tisch befestigt werden.

Zum Schluss

Sobald das Projekt abgeschlossen ist, sollten alle Werkzeuge und Materialien an einem sicheren Ort aufbewahrt werden, um Verletzungen zu vermeiden und du beim nächsten Projekt mit einem aufgeräumten Arbeitsplatz starten kannst.

5. Testsägeseite

Wenn du zum ersten Mal eine Laubsäge in der Hand hast und noch über keinerlei Vorerfahrung verfügst, empfehlen wir dir zunächst das Bearbeiten dieser Übungsseite.
Auf dieser Seite findest du einfachen geometrischen Figuren, an denen du deine ersten Sägeversuche mit der Laubsäge üben kannst.

Weißt du bereits, wie man mit der Laubsäge umgeht und hast erste Sägeerfahrung, kannst du diesen Abschnitt auch überspringen.

Schritt 1
Schneide zunächst das Blatt mit den Vorlagen aus dem Buch aus.

Schritt 2
Klebe im zweiten Schritt die Vorlagenseite mit doppelseitigem Klebeband auf eine Sperrholzplatte (ca. A4-Größe)

Schritt 3
Jetzt kommt die Laubsäge zum Einsatz. Säge zunächst die äußeren Konturen der Figuren aus. Beachte dabei die Tipps & Tricks der vorangegangenen Seiten.

Schritt 4
Im letzten Schritt kannst du die Kanten der Figuren noch mit einem Schleifpapier glätten.

Super - du hast deine ersten Laubsägearbeiten mit Bravour gemeistert. Jetzt geht es mit dem ersten Weihnachtsvorlagen los.

Vorlage zum Testsägen

6. Vorlagen für Anfänger

Weihnachtsbaumschmuck, eine funkelnde Vielfalt aus Ornamenten und Dekorationen, hat eine lange Geschichte, die bis ins 16. Jahrhundert in Deutschland zurückreicht. Ursprünglich aus handgefertigtem Papier, Glas und Holz gefertigt, verleiht er dem Weihnachtsbaum Glanz und Festlichkeit. Jedes Ornament erzählt eine Geschichte und spiegelt die einzigartige Tradition und den Geschmack der Familie wider, die ihn an ihrem Baum platziert.

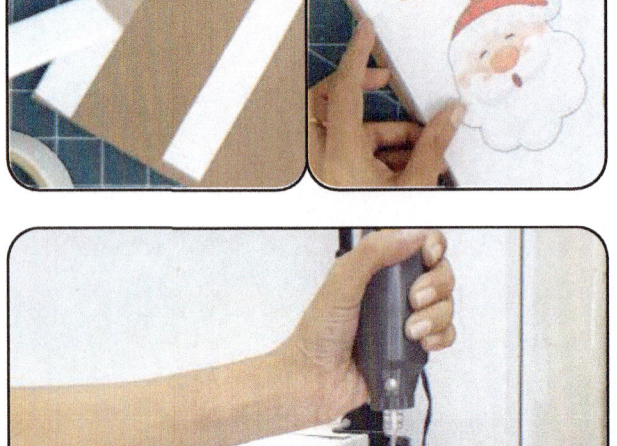

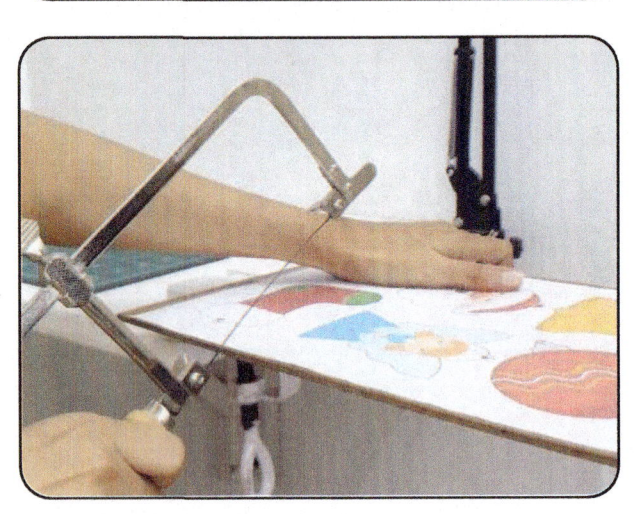

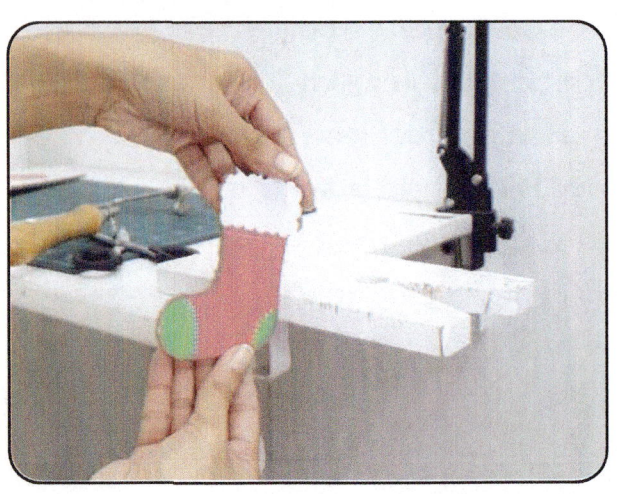

1 - Vorbereitung

Suche alle benötigten Materialien, Werkzeuge und Farben zusammen und lege Sie übersichtlich auf den Tisch.

Schneide die Vorlage aus und klebe sie mit doppelseitigem Klebeband auf die Sperrholzplatte.

2 - Loch zum Aufhängen

Bohre mit einem Handbohrer oder Akkubohrer ein Loch mit 2-3mm Durchmesser an die an der oberen Seite der Vorlage markierten Stelle.

Dieses Loche dient dazu die Holzanhänger später aufzuhängen.

3 - Kontur ausschneiden

Säge alle Vorlagen entlang der Außenkonturen aus.

4 - Vorlage entfernen

Entferne die Papiervorlage und Klebereste vom Sperrholz.

5 - Schleifen

Im nächsten Schritt werden alle Kanten der ausgeschnittenen Elemente geschliffen.

6 - Übertragung der Details

Übertrage die Details (z.B. Umrisse der Gesichter, Flügel des Engels, Aufhängung der Weihnachtskugel) mit einem Bleistift auf die bereits ausgesägten Holzelemente.

7 - Grundfarben aufbringen

Male die ausgeschnittenen Vorlagen mit einem Pinsel und deinen Lieblingsfarben an - starte dabei mit den Grundfarben.

Im Video siehst du das Bemalen dieser Vorlage im Detail. Schau es dir gerne an, wenn du beim Bemalen Hilfe benötigst.

8 - Akzente setzen

Sind die Acrylfarben getrocknet, kannst du Details wie Gesichter und Kleidung mit weiteren Farben oder Lackmalstiften hervorheben.

Was man braucht

- 1x A4 Sperrholzplatte d=4mm
- Laubsäge
- Laubsägetisch + Klemme
- Schleifpapier
- Doppelseitiges Klebeband
- Schere, Pinsel, Permanentmarker
- Acrylfarben

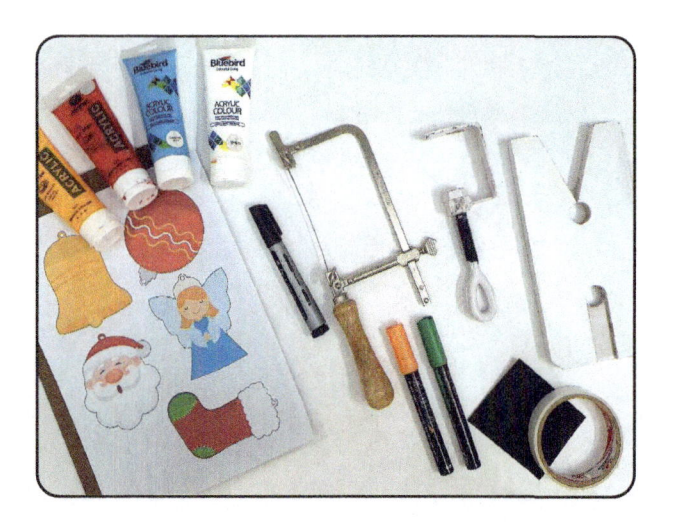

Video

Vorlage Weihnachtsbaumschmuck

7. Vorlagen für Geübte

Du hast die ersten zweidimensionalen Vorlagen fertig gestellt und möchtest weitere weihnachtliche Vorlagen mit Laubsäge und Co. basteln?

Die einfach dreidimensionale Vorlagen für Geübte mit Steckverbindungen sind dafür die beste Wahl um deine Fertigkeiten mit Holz weiter zuverbessern.

Viel Spaß beim Sägen, Feilen und Malen!

Weihnachtsbaum

Der Weihnachtsbaum, oder auch Christbaum genannt, ist ein ikonischer Teil des Weihnachtsfests und ein Symbol des Lebens und der Hoffnung. Seine Wurzeln liegen in Deutschland, wo er im 16. Jahrhundert als Symbol für Christi Geburt eingeführt wurde. Der geschmückte Baum ist heute weltweit verbreitet und verkörpert die festliche Stimmung, während er Geschenke und Freude unter seinen Zweigen hält.

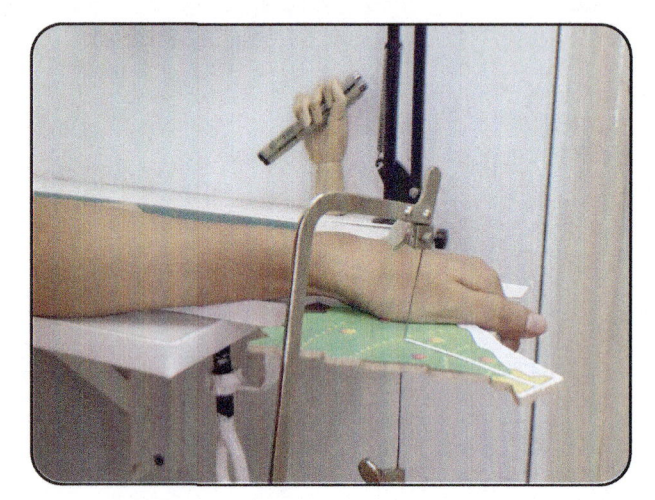

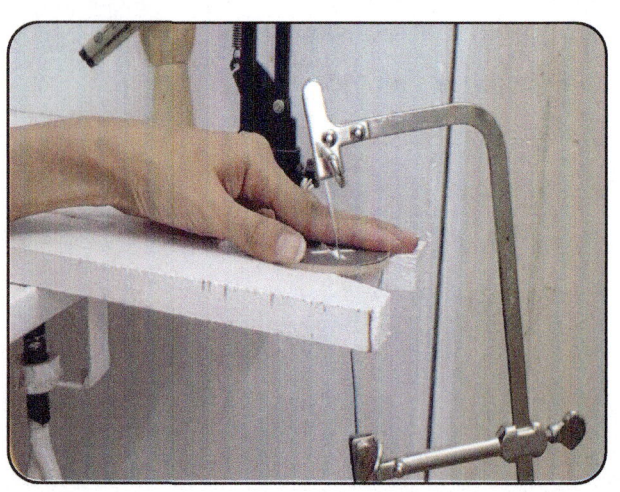

1 - Vorbereitung

Suche alle benötigten Materialien, Werkzeuge und Farben zusammen und lege Sie übersichtlich auf den Tisch.

Schneide die Vorlage aus und klebe sie mit doppelseitigem Klebeband auf die Sperrholzplatte.

2 - Innenliegende Flächen

Bohre mit einem Handbohrer oder Akkubohrer ein Loch mit 2-3mm Durchmesser in die innenliegende Fläche des Weihnachtsbaumständers.

3 - Kontur ausschneiden

Säge alle Elemente des Weihnachtsbaums entlang der Außenkonturen aus.

Arbeite bei den beiden Steckverbindungen im Baum vorsichtig und genau, da diese einen Einfluss auf den späteren Zusammenbau haben.

4 - Details aussägen

Löse das Sägeblatt der Laubsäge, führe es durch die Bohrung im Ständer und schneide die Kontur der innen liegenden Fläche aus.

5 - Schleifen

Im nächsten Schritt werden alle Kanten der ausgeschnittenen Elemente geschliffen. Der lange Schlitz in der Mitte des Baums kann gut mit einer Feile nachbearbeitet werden.

Teste zwischendurch immer wieder die Steckverbindungen, um nicht zu viel Material abzutragen.

6 - Grundfarben aufbringen

Male die ausgeschnittenen Vorlagen mit einem Pinsel und deinen Lieblingsfarben an - starte dabei mit den Grundfarben.

Im Video siehst du das Bemalen des Weihnachtsbaums im Detail. Schau es dir gerne an, wenn du beim Bemalen Hilfe benötigst.

7 - Akzente setzen

Sind die Acrylfarben getrocknet, kannst du Details wie die Dekoration des Weihnachtsbaums mit weiteren Farben oder einem Lackmalstift hervorheben.

8 - Zusammenbau

Als Letztes werden alle Teile des Weihnachtsbaums zusammengesteckt. Auf der nächsten Seite findest du eine Grafik die den Zusammenbau näher beschreibt - auch das Video zeigt dir dies Schritt für Schritt.
Optional kannst du alle Teile mit Holzleim fixieren.

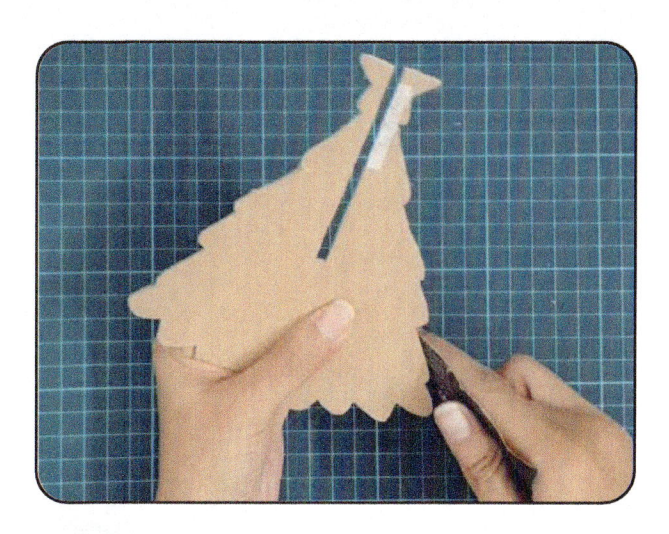

Was man braucht

- 1x A4 Sperrholzplatte d=4mm
- Laubsäge
- Laubsägetisch + Klemme
- Schleifpapier, Feile
- Doppelseitiges Klebeband
- Schere, Pinsel, Permanentmarker
- Acrylfarben
- Handbohrer

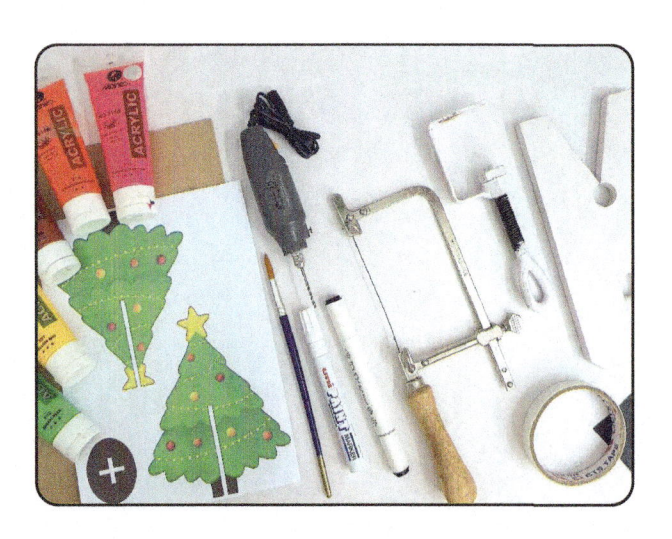

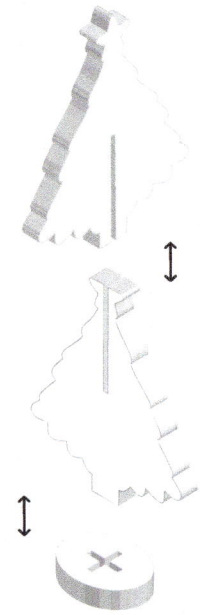

Video

Zusammenbau

Vorlage Weihnachtsbaum

Schneeflocke

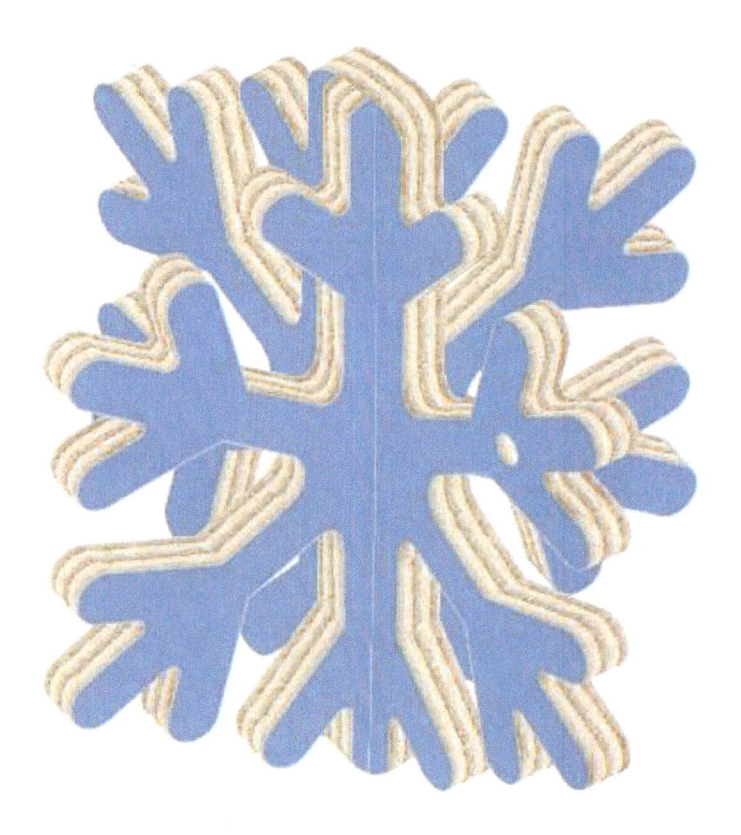

Schneeflocken sind zarte Wunder der Natur und symbolisieren den Zauber des Winters und die Hoffnung auf eine weiße Weihnacht. Sie sind ein beliebtes Dekorationselement und spiegeln die Schönheit der Jahreszeit wider.

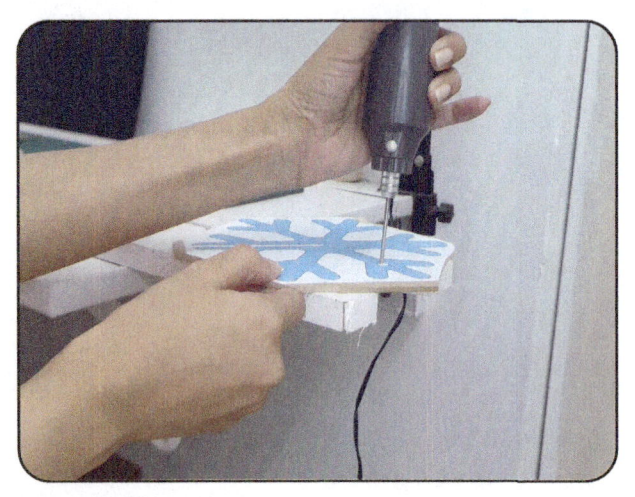

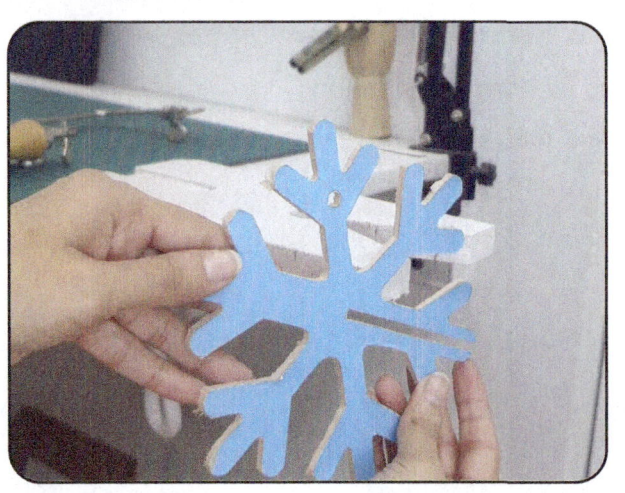

1 - Vorbereitung

Suche alle benötigten Materialien, Werkzeuge und Farben zusammen und lege Sie übersichtlich auf den Tisch.

Schneide beide Vorlagenteile aus und klebe sie mit doppelseitigem Klebeband auf die Sperrholzplatten.

2 - Grob vorsägen

Säge die Außenkontur der Schneeflocke grob aus, um eine bessere Handhabung über das Sperrholzes zu bekommen.

3 - Loch bohren

Mit einem Handbohrer oder Akkubohrer ein Loch mit 2-3mm Durchmesser an der markierten Stelle in die Schneeflocke bohren.

Dieses Loch dient zum späteren Aufhängen der Schneeflocke.

4 - Aussägen

Säge die Schneeflocke entlang der Außenkontur aus.

Arbeite bei den beiden Steckverbindungen vorsichtig und genau, da diese einen Einfluss auf den späteren Zusammenbau haben.

5 - Schleifen

Im nächsten Schritt werden alle Kanten der ausgeschnittenen Elemente geschliffen. Der lange Schlitz in der Mitte des Baums kann gut mit einer Feile nachbearbeitet werden.

Teste zwischendurch immer wieder die Steckverbindungen, um nicht zu viel Material abzutragen.

6 - Grundfarben aufbringen

Male die ausgeschnittenen Vorlagen mit einem Pinsel und deinen Lieblingsfarben an - starte dabei mit den Grundfarben.

Im Video siehst du das Bemalen im Detail. Schau es dir gerne an, wenn du beim Bemalen Hilfe benötigst.

7 - Akzente setzen

Sind die Acrylfarben getrocknet, kannst du weitere Details wie zum Beispiel ein Punktemuster, an der Schneeflocke ergänzen.

8 - Zusammenbau

Als Letztes werden alle Teile die beiden Teile der Schneeflocke zusammengesteckt.

Auf der nächsten Seite findest du eine Grafik die den Zusammenbau beschreibt - auch das Video zeigt dir dies Schritt für Schritt.

Optional kannst du alle Teile mit Holzleim fixieren.

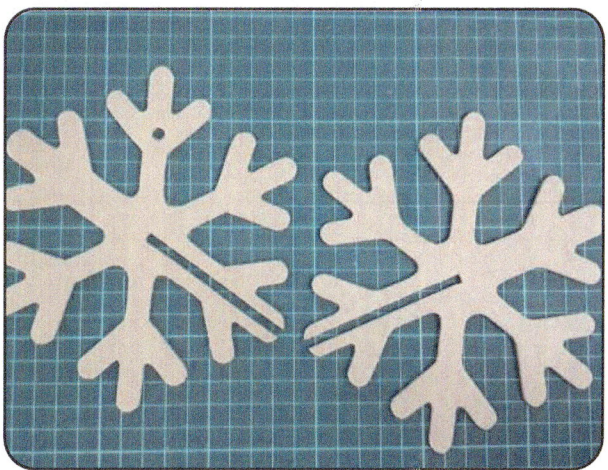

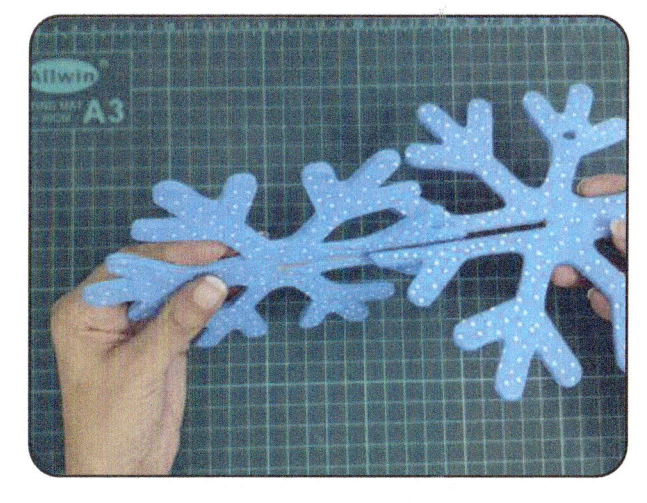

Was man braucht

- 2x A4 Sperrholzplatte d=4mm
- Laubsäge
- Laubsägetisch + Klemme
- Schleifpapier, Feile
- Doppelseitiges Klebeband
- Schere, Pinsel, Permanentmarker
- Acrylfarben
- Handbohrer

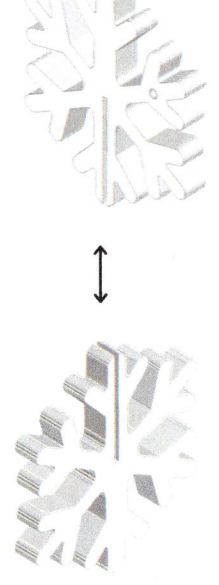

Video

Zusammenbau

Vorlage Schneeflocke - Teil 1

Vorlage Schneeflocke - Teil 2

Weihnachtsengel

Weihnachtsengel sind himmlische Boten, die den Frieden und die Freude der Weihnachtssaison verkörpern.
Sie haben ihren Ursprung im Christentum, wo Engel die Geburt Jesu verkündeten. Engelornamente und -figuren zieren oft Bäume und Krippen, um Schutz und Segen für das Fest zu symbolisieren.

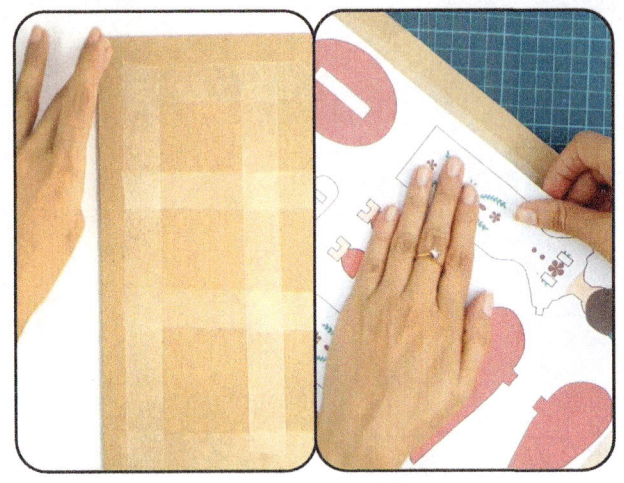

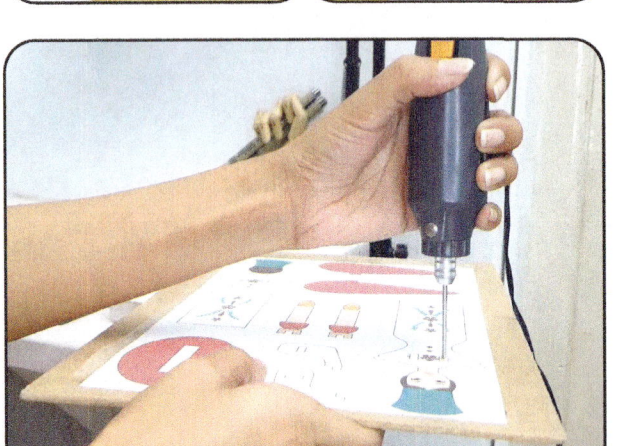

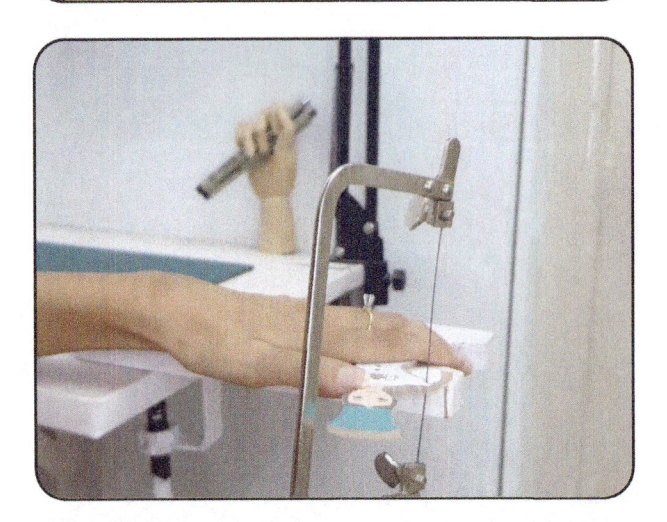

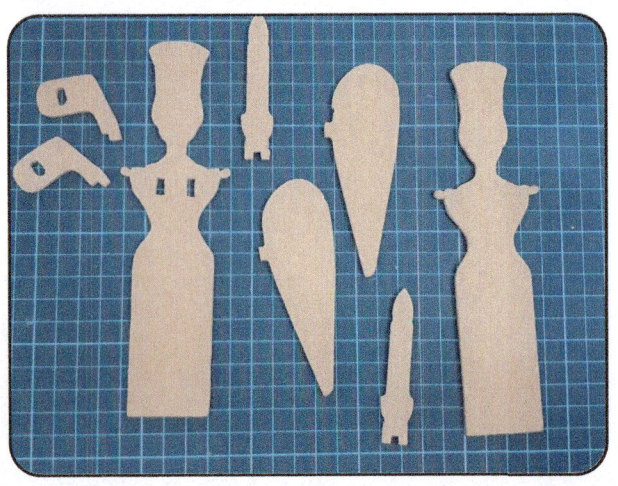

1 - Vorbereitung

Suche alle benötigten Materialien, Werkzeuge und Farben zusammen und lege Sie übersichtlich auf den Tisch.

Schneide die Vorlage aus und klebe sie mit doppelseitigem Klebeband auf die Sperrholzplatte.

2 - Innenliegende Flächen

Bohre mit einem Handbohrer oder Akkubohrer ein Loch mit 2-3mm Durchmesser in die innen liegende Fläche des Engels (Arme & Rückenteil).

Löse das Sägeblatt der Laubsäge, führe es durch die Bohrung und säge die Kontur der innen liegenden Fläche aus.

3 - Kontur ausschneiden

Säge alle Elemente des Engels entlang der Außenkonturen aus.

Arbeite bei den beiden Steckverbindungen vorsichtig und genau, da diese einen Einfluss auf den späteren Zusammenbau haben.

4 - Schleifen

Im nächsten Schritt werden alle Kanten der ausgeschnittenen Elemente geschliffen.

Teste zwischendurch immer wieder die Steckverbindungen, um nicht zu viel Material abzutragen.

6 - Übertragung der Details

Übertrage Details wie den Hut, das Gesicht und die Haare des Engels mit einem Bleistift auf die bereits ausgesägten Holzelemente.

6 - Grundfarben aufbringen

Male die ausgeschnittenen Vorlagen mit einem Pinsel und deinen Lieblingsfarben an - starte dabei mit den Grundfarben.

Im Video siehst du das Bemalen des Weihnachtsengels im Detail. Schau es dir gerne an, wenn du beim Bemalen Hilfe benötigst.

7 - Akzente setzen

Sind die Acrylfarben getrocknet, kannst du Details wie die Dekoration des Kleides mit weiteren Farben oder Lackmalstiften hervorheben.

8 - Zusammenbau

Als Letztes werden alle Teile des Weihnachtsengels zusammengesteckt.

Auf der nächsten Seite findest du eine Grafik die den Zusammenbau beschreibt - auch das Video zeigt dir dies Schritt für Schritt.

Optional kannst du alle Teile mit Holzleim fixieren.

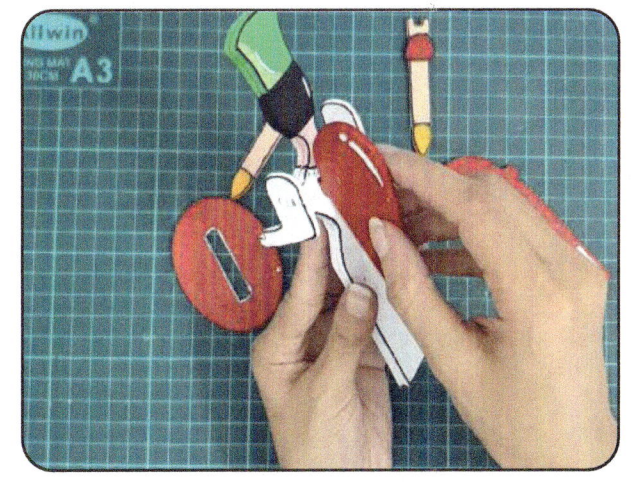

Was man braucht

- 1x A4 Sperrholzplatte d=4mm
- Laubsäge
- Laubsägetisch + Klemme
- Schleifpapier
- Doppelseitiges Klebeband
- Schere, Pinsel, Permanentmarker
- Acrylfarben
- Handbohrer

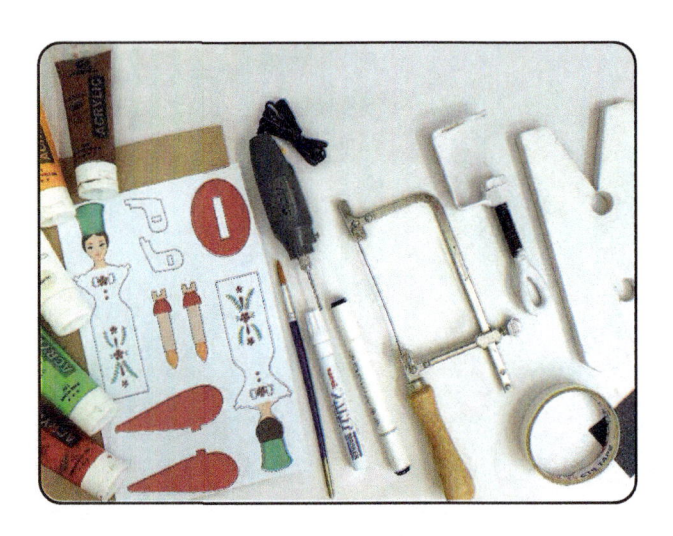

Video

Zusammenbau

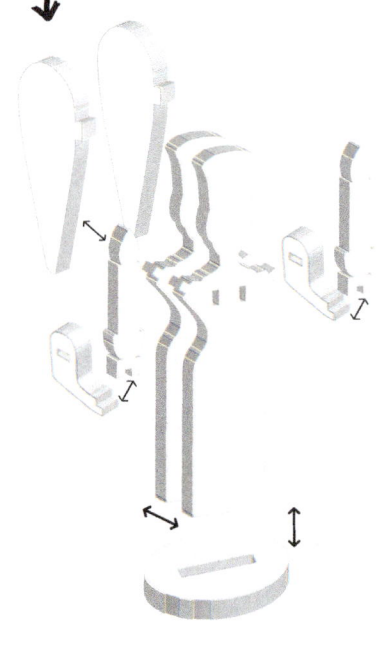

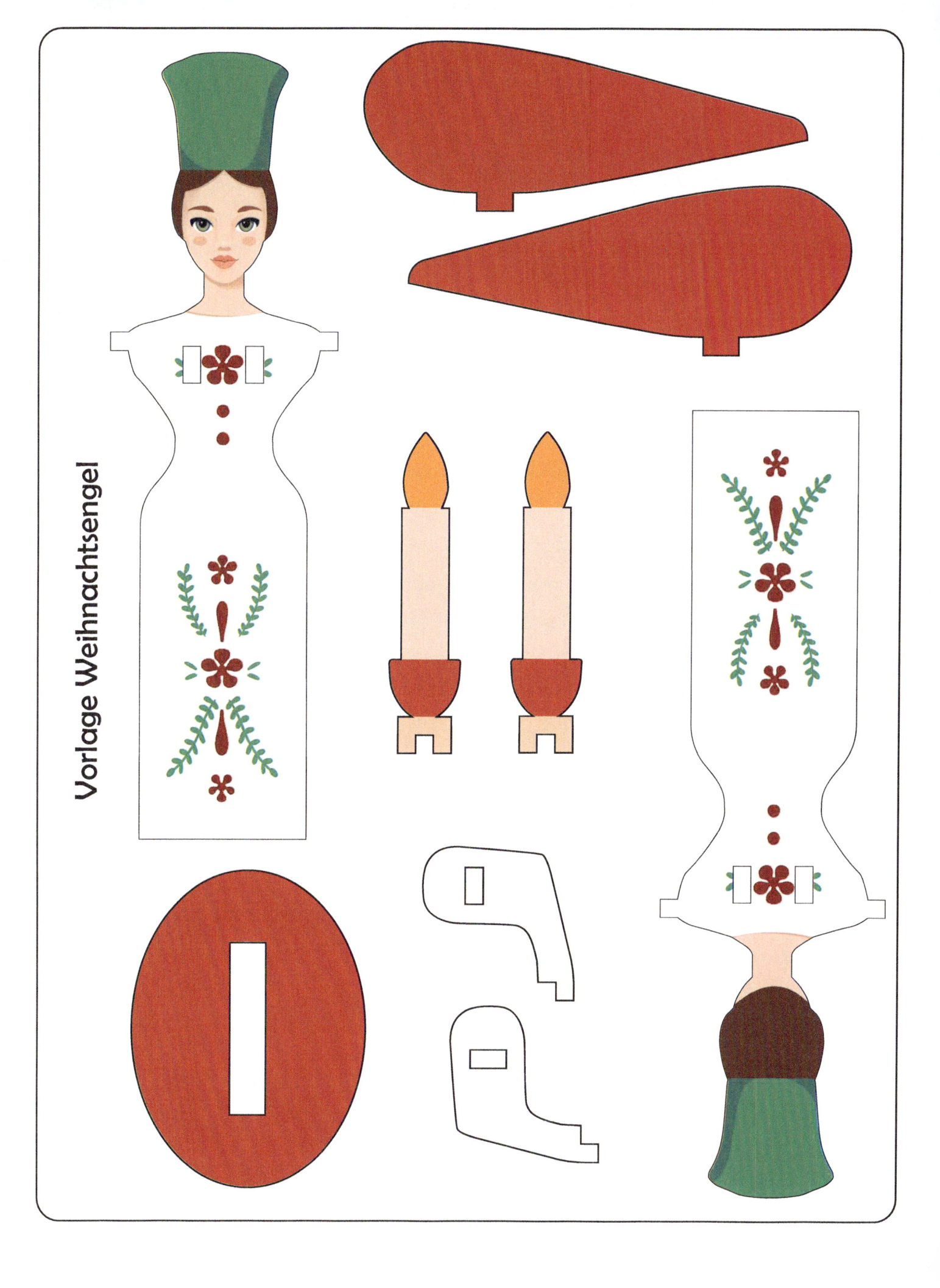

Vorlage Weihnachtsengel

Nussknacker

Nussknacker sind faszinierende Figuren, die Kunsthandwerk und Funktionalität vereinen. Mit ihren bunten Uniformen und bemalten Gesichtern sind sie wichtige Figuren in vielen Weihnachtsgeschichten und symbolisieren den Geist des Schenkens und der Freude.

1 - Vorbereitung

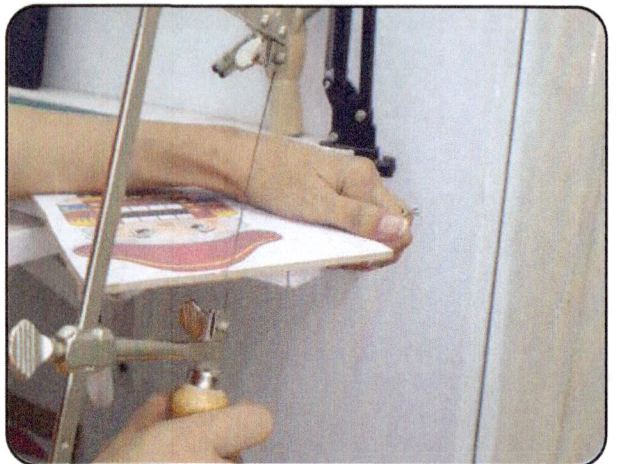

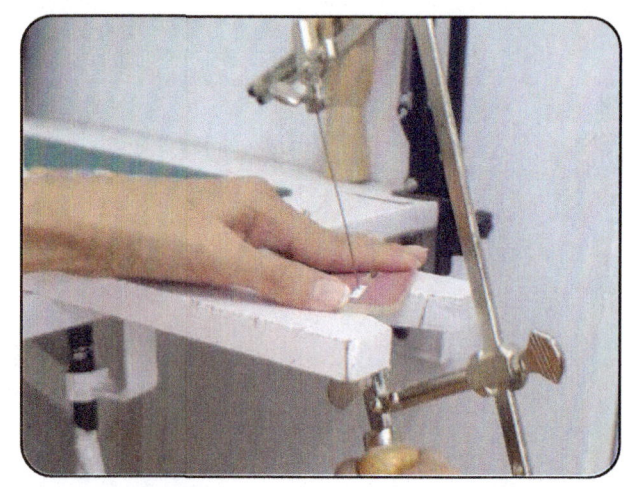

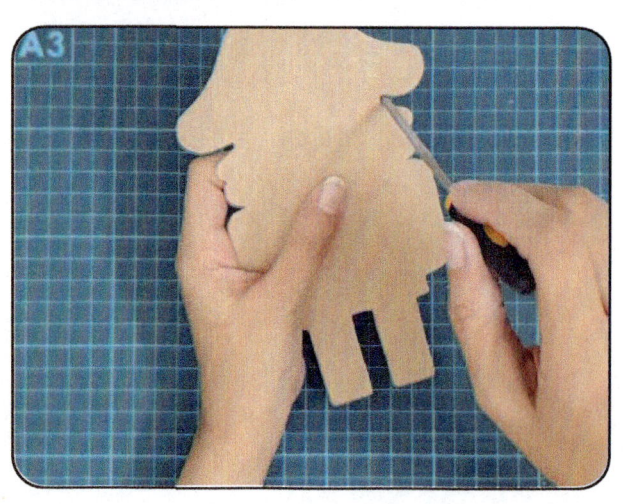

Suche alle benötigten Materialien, Werkzeuge und Farben zusammen und lege Sie übersichtlich auf den Tisch.

Schneide die Vorlage aus und klebe sie mit doppelseitigem Klebeband auf die Sperrholzplatte.

2 - Kontur ausschneiden

Säge alle Elemente des Nussknackers entlang der Außenkonturen aus.

Arbeite bei den beiden Steckverbindungen vorsichtig und genau, da diese einen Einfluss auf den späteren Zusammenbau haben.

3 - Innenliegende Flächen

Bohre mit einem Handbohrer oder Akkubohrer ein Loch mit 2-3mm Durchmesser in die innen liegende Fläche des Stativs des Nussknackers.

Löse das Sägeblatt der Laubsäge, führe es durch die Bohrung und säge die Kontur der innen liegenden Fläche aus.

4 - Schleifen

Im nächsten Schritt werden alle Kanten der ausgeschnittenen Elemente geschliffen. Die Ausschnitte im Stativ des Nussknackers kannst du gut mit einer Feile nacharbeiten.

Teste zwischendurch immer wieder die Steckverbindungen, um nicht zu viel Material abzutragen.

6 - Übertragung der Details

Übertrage Details wie des Nussknackers mit einem Bleistift auf das bereits ausgesägte Holzelement.

.

6 - Grundfarben aufbringen

Male die ausgeschnittenen Vorlagen mit einem Pinsel und deinen Lieblingsfarben an - starte dabei mit den Grundfarben.

Im Video siehst du das Bemalen des Nussknackers im Detail. Schau es dir gerne an, wenn du beim Bemalen Hilfe benötigst.

7 - Akzente setzen

Sind die Acrylfarben getrocknet, kannst du Details wie die Dekoration der Uniform mit weiteren Farben oder Lackmalstiften hervorheben.

8 - Zusammenbau

Als Letztes werden der Körper und das Stativ des Nussknackers zusammengesteckt.

Auf der nächsten Seite findest du eine Grafik die den Zusammenbau beschreibt.

Optional kannst du alle Teile mit Holzleim fixieren.

Was man braucht

- 1x A4 Sperrholzplatte d=4mm
- Laubsäge
- Laubsägetisch + Klemme
- Schleifpapier
- Doppelseitiges Klebeband
- Schere, Pinsel, Permanentmarker
- Acrylfarben
- Handbohrer, Feile

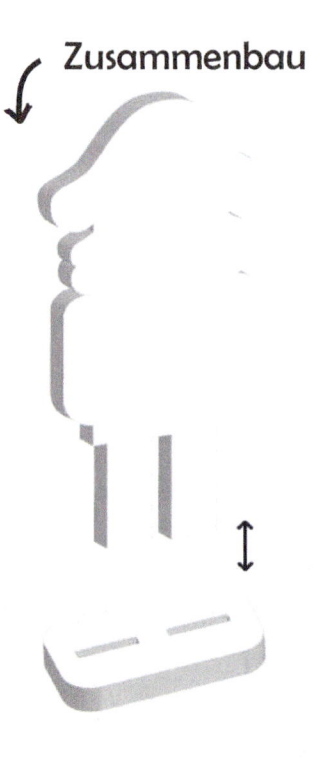

Video

Zusammenbau

Vorlage Nussknacker

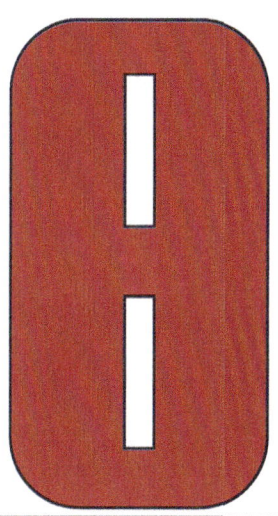

Weihnachtsmann

Der fröhliche Weihnachtsmann und sein treuer Rentierbegleiter Rudolph sind Symbole für Großzügigkeit und Freude. Inspiriert von alten Legenden und Gedichten, bringen sie Geschenke in die Herzen von Kindern auf der ganzen Welt.

1 - Vorbereitung

Suche alle benötigten Materialien, Werkzeuge und Farben zusammen und lege Sie übersichtlich auf den Tisch.

Schneide beide Vorlagenteile aus und klebe sie mit doppelseitigem Klebeband auf die Sperrholzplatten.

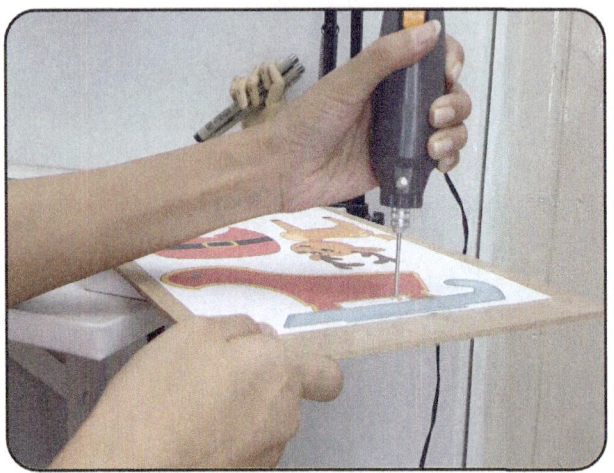

2 - Innenliegende Flächen

Bohre mit einem Handbohrer oder Akkubohrer ein Loch mit 2-3mm Durchmesser in die innen liegende Fläche des Schlittens.

Löse das Sägeblatt der Laubsäge, führe es durch die Bohrung und säge die Kontur der innen liegenden Fläche aus.

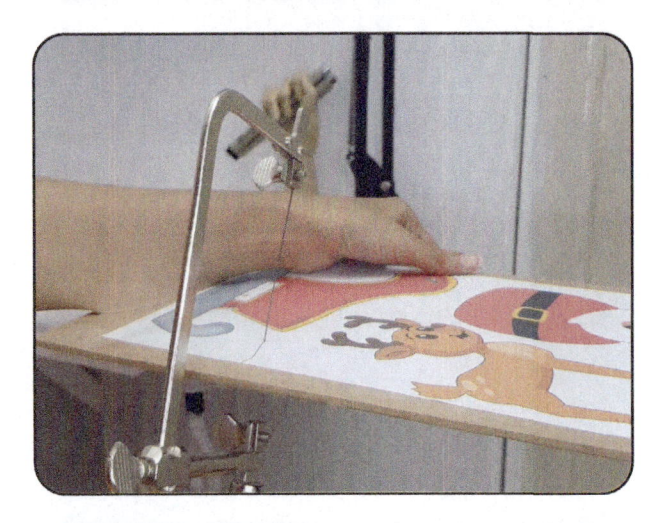

3 - Kontur ausschneiden

Säge alle Elemente des Weihnachtsmanns entlang der Außenkonturen aus.

Arbeite bei den beiden Steckverbindungen vorsichtig und genau, da diese einen Einfluss auf den späteren Zusammenbau haben.

4 - Schleifen

Im nächsten Schritt werden alle Kanten der ausgeschnittenen Elemente geschliffen.

Teste zwischendurch immer wieder die Steckverbindungen, um nicht zu viel Material abzutragen.

6 - Übertragung der Details

Übertrage Details von Weihnachtsmann und Rudolph mit einem Bleistift auf die bereits ausgesägten Holzelemente.

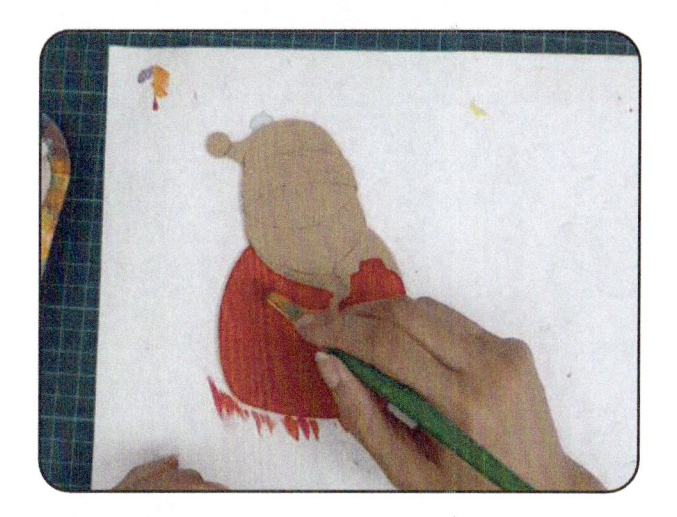

.

6 - Grundfarben aufbringen

Male die ausgeschnittenen Vorlagen mit einem Pinsel und deinen Lieblingsfarben an - starte dabei mit den Grundfarben.

Im Video siehst du das Bemalen dieser Vorlage im Detail. Schau es dir gerne an, wenn du beim Bemalen Hilfe benötigst.

7 - Einzelteile kleben

Klebe mit Holz- oder Bastelleim in diesem Schritt die Arme am Weihnachtsmann fest. Fixiere auch den Weihnachtsmann und das Geschenk am Schlitten.

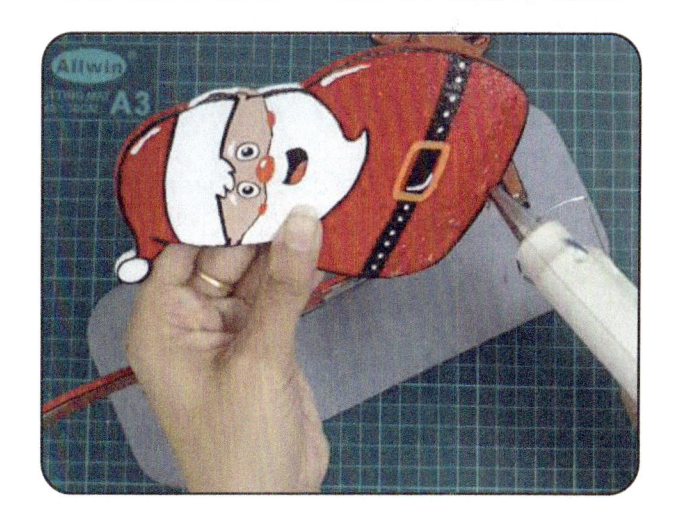

8 - Zusammenbau

Als Letztes werden alle Teile auf der Grundplatte montiert.

Mit einem zusätzlichen Faden kannst du eine Leine von Rudolphs Hals zu den Händen des Weihnachtsmanns führen.

Was man braucht

- 2x A4 Sperrholzplatte d=4mm
- Laubsäge, Laubsägetisch + Klemme
- Schleifpapier
- Doppelseitiges Klebeband
- Schere, Pinsel, Permanentmarker
- Acrylfarben
- Handbohrer
- Kurzes Stück Faden

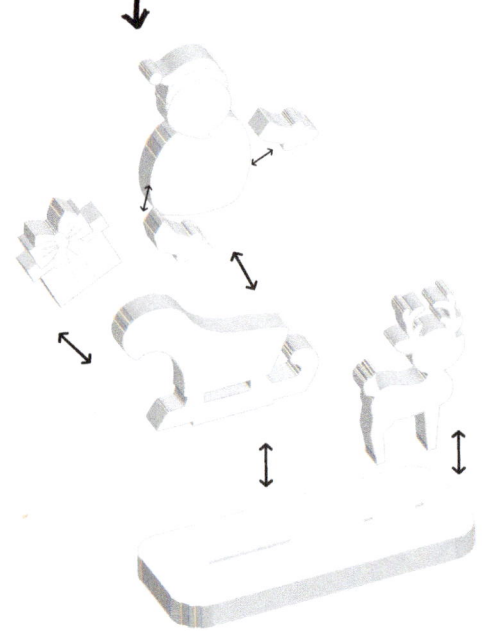

Video

Zusammenbau

Vorlage Weihnachtsmann - Teil 1

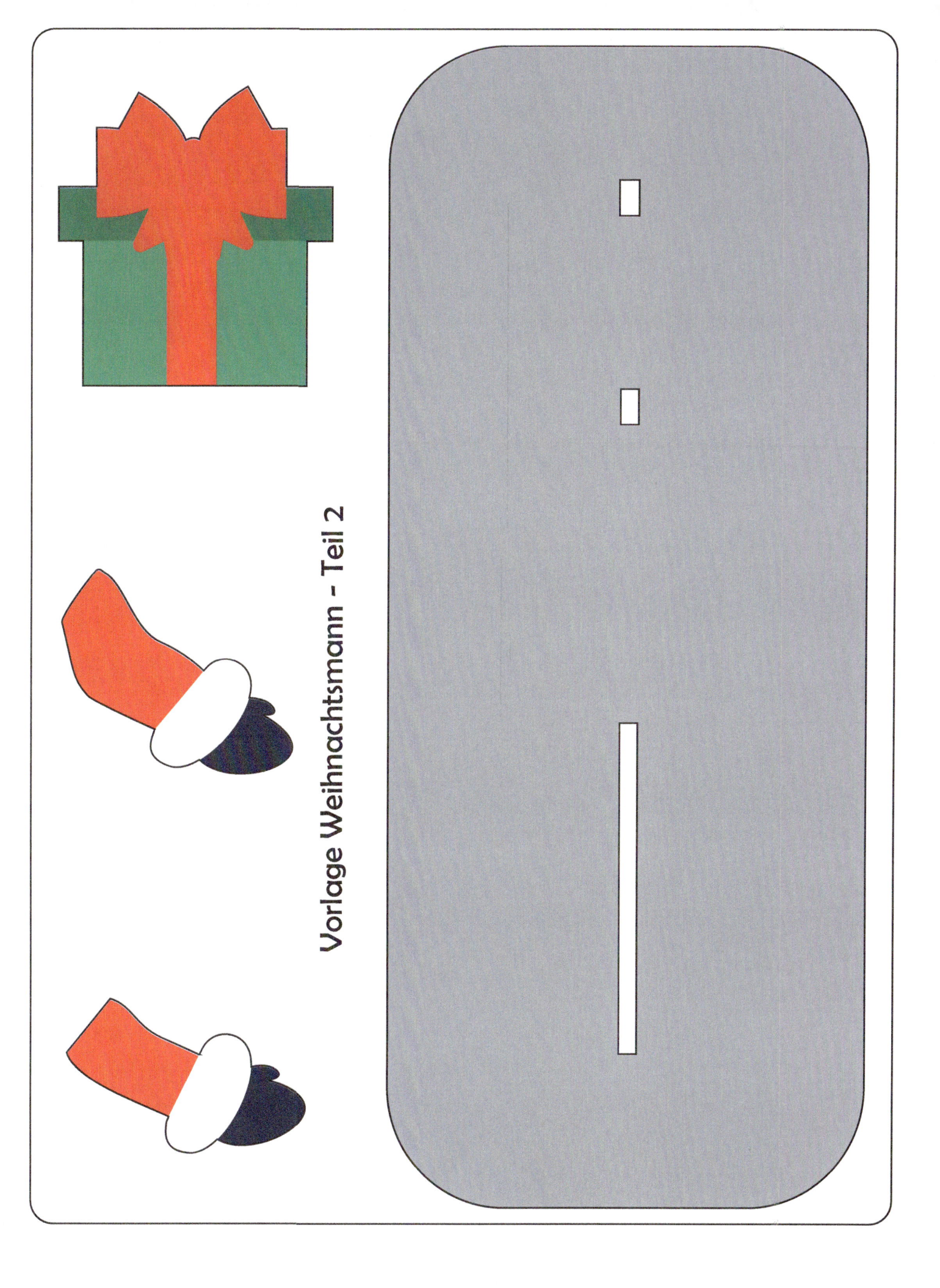

Vorlage Weihnachtsmann - Teil 2

8. Vorlagen für Fortgeschrittene

Du hast alle vorherigen Weihnachtsvorlagen gesägt, geschliffen und bemalt?! Super! Jetzt wird es etwas kniffliger. Die Vorlagen für Fortgeschrittene sind etwas kleiner und eine echte Herausforderung. Wenn du dir also noch etwas unsicher bist, empfehlen wir, dass du diese Vorlagen **unter Aufsicht und mit Hilfe deiner Eltern oder einer erfahreneren Person** bastelst.

Viel Spaß beim Sägen, Schleifen und Malen!

Lebkuchenhaus

Das Lebkuchenhaus ist eine süße Weihnachtstradition, die zum Dekorieren und Naschen einlädt. Es erinnert an die köstlichen Aromen und den Genuss der Feiertage und bietet eine unterhaltsame Möglichkeit, kreativ zu werden.

1 - Vorbereitung

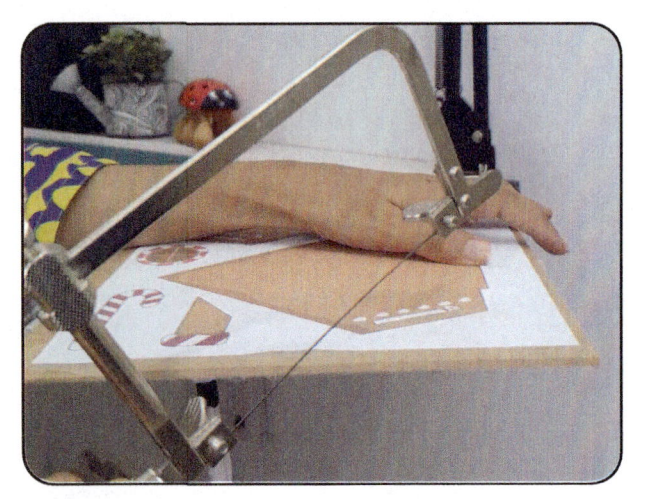

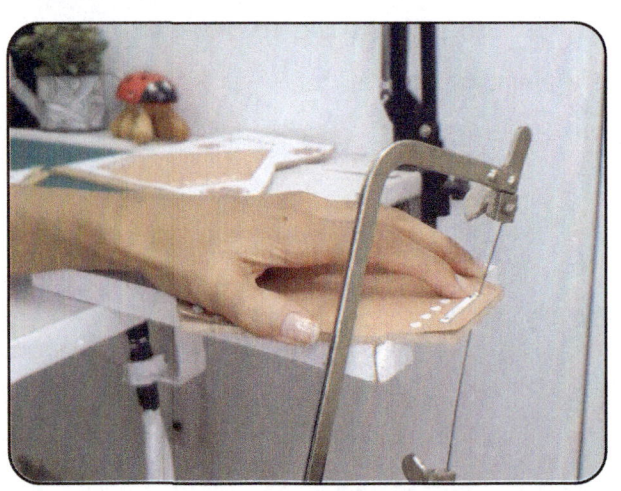

Suche alle benötigten Materialien, Werkzeuge und Farben zusammen und lege Sie übersichtlich auf den Tisch.

Schneide alle vier Vorlagenteile aus und klebe sie mit doppelseitigem Klebeband auf die Sperrholzplatten.

2 - Innenliegende Flächen

Bohre mit einem Handbohrer oder Akkubohrer ein Loch mit 2-3mm Durchmesser in die innen liegenden Flächen des Lebkuchenhauses.

3 - Kontur ausschneiden

Säge alle Elemente des Lebkuchenhauses entlang der Außenkonturen aus.

Arbeite bei den beiden Steckverbindungen vorsichtig und genau, da diese einen Einfluss auf den späteren Zusammenbau haben.

4 - Innenliegende Flächen

Löse in diesem Schritt das Sägeblatt der Laubsäge, führe es durch die Bohrung und säge die Kontur der innen liegenden Fläche aus. Wiederhole diesen Schritt für alle innen liegende Flächen.

5 - Schleifen

Im nächsten Schritt werden alle Kanten der ausgeschnittenen Elemente geschliffen.

Teste zwischendurch immer wieder die Steckverbindungen, um nicht zu viel Material abzutragen.

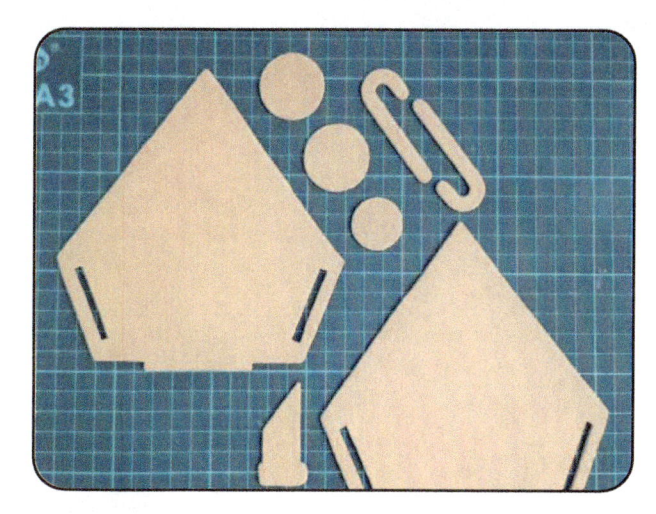

6 - Grundfarben aufbringen

Male die ausgeschnittenen Vorlagen mit einem Pinsel und deinen Lieblingsfarben an - starte dabei mit den Grundfarben.

Im Video siehst du das Bemalen dieser Vorlage im Detail. Schau es dir gerne an, wenn du beim Bemalen Hilfe benötigst.

7 - Einzelteile kleben

Klebe mit Holz- oder Bastelleim in diesem Schritt die Tür, die Fenster, den Schornstein und die Dekoration am Lebkuchenhauses fest.

8 - Zusammenbau

Als Letztes werden alle Teile gemäß der Zusammenbauanleitung auf der nächsten Seite zusammengesetzt und verklebt.

Schau dir auch das Video als Hilfestellung für den Zusammenbau an.

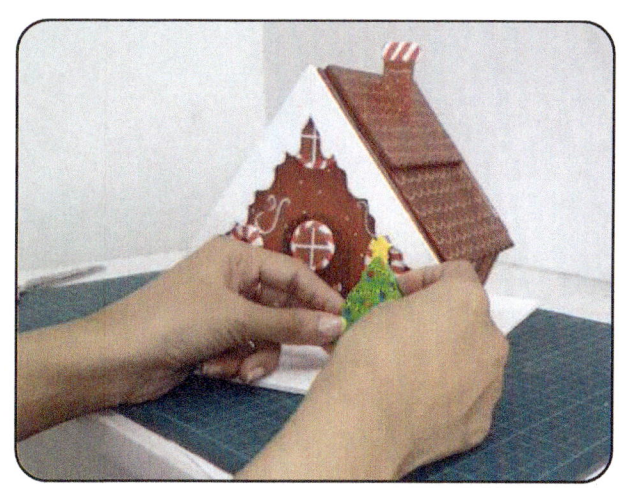

Was man braucht

- 4x A4 Sperrholzplatte d=4mm
- Laubsäge
- Laubsägetisch + Klemme
- Schleifpapier
- Doppelseitiges Klebeband
- Schere, Pinsel, Permanentmarker
- Acrylfarben
- Handbohrer, Feile

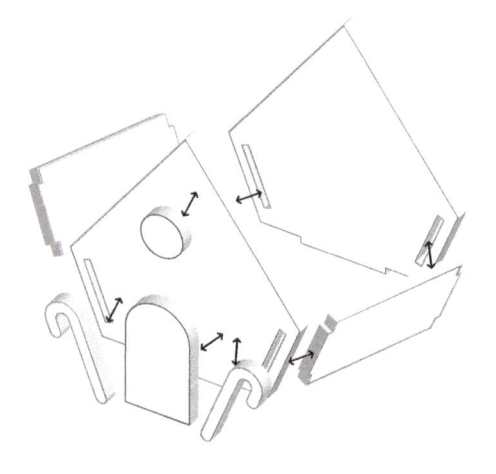

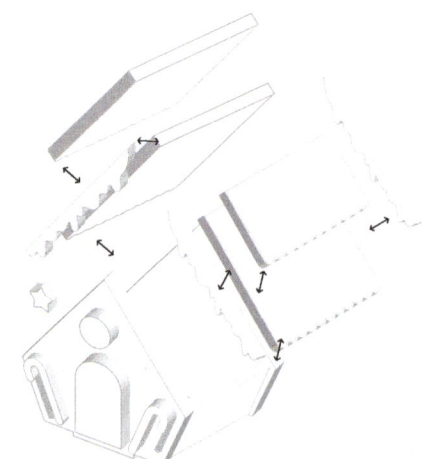

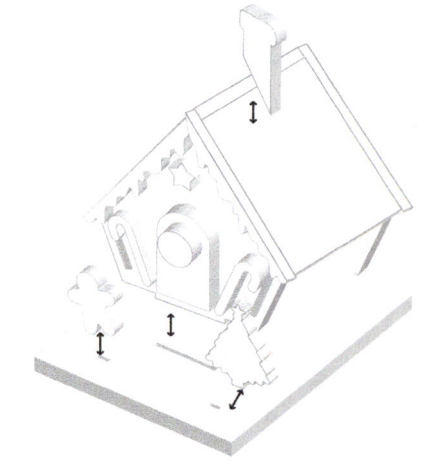

Video

Zusammenbau

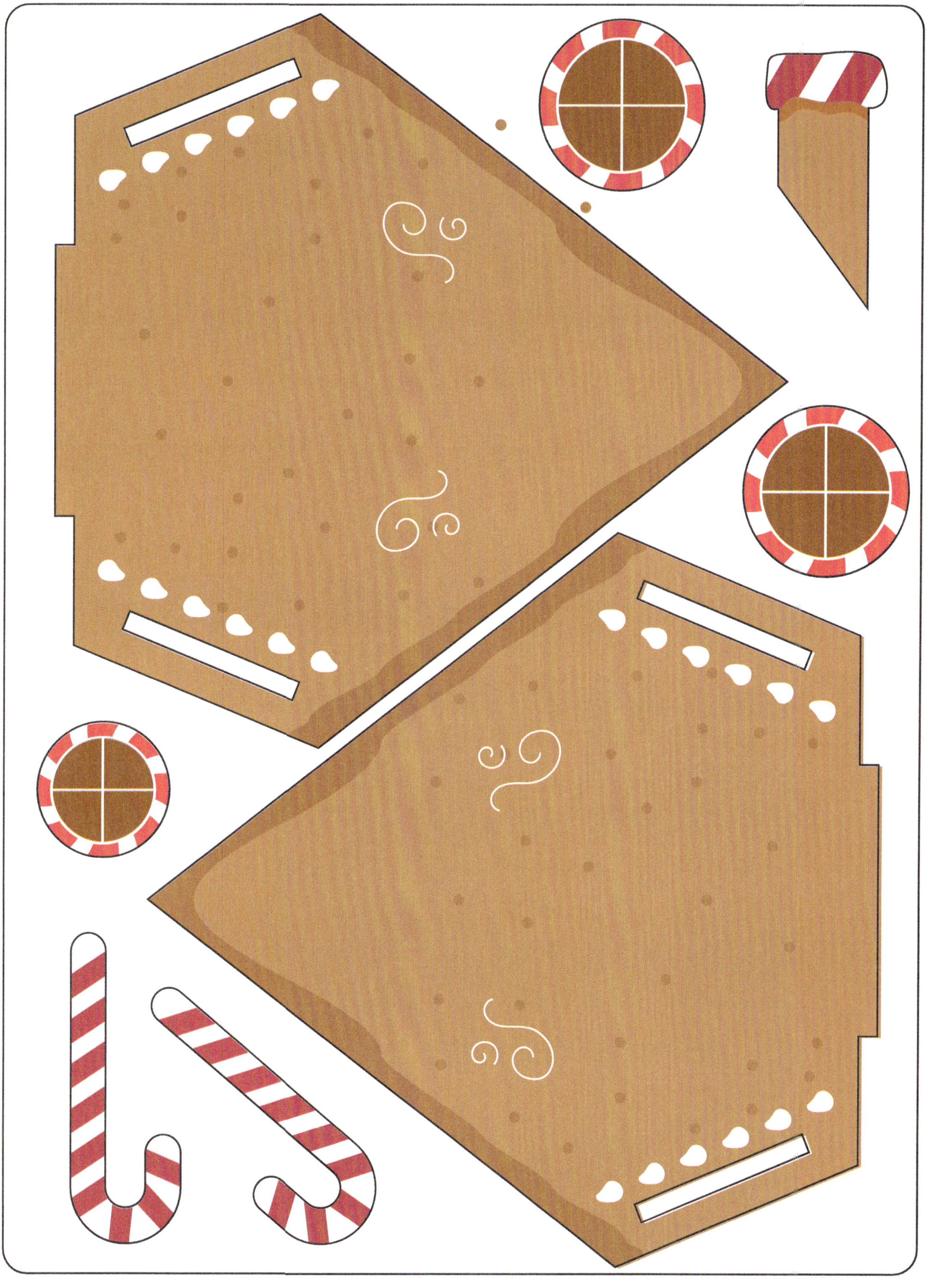

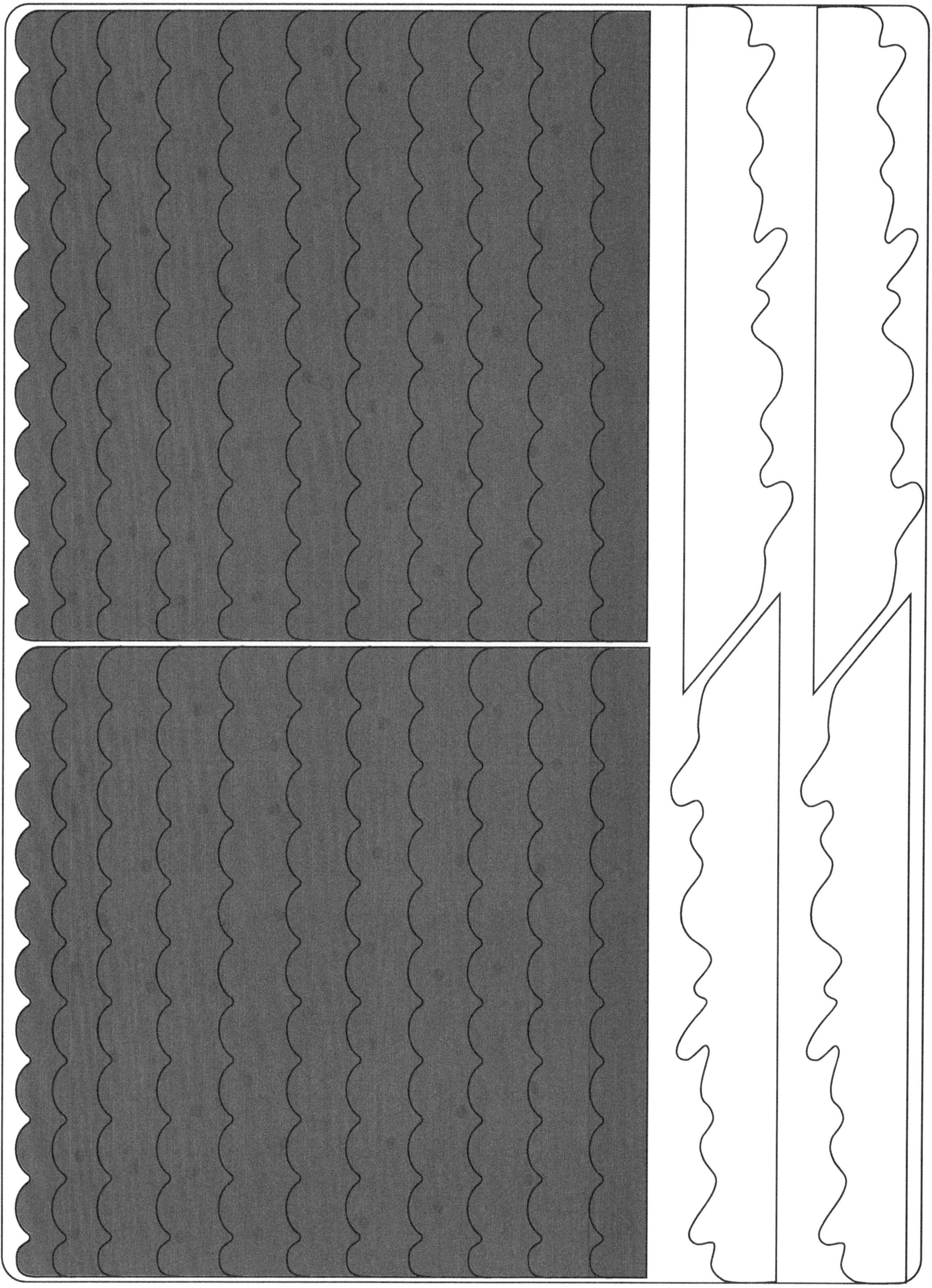

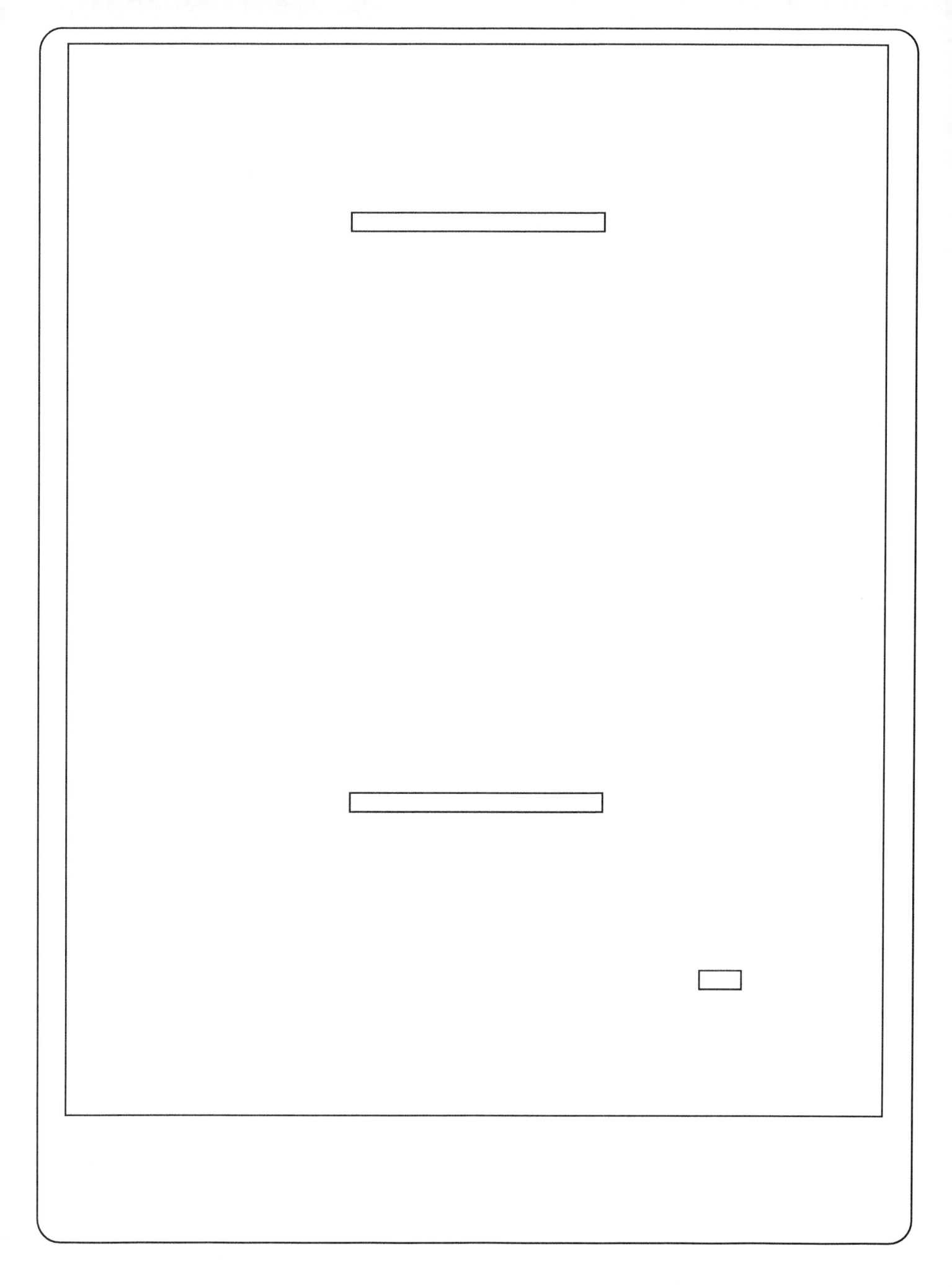

Schwibbogen

Der Schwibbogen ist eine deutsche Tradition, der in vielen Fenstern leuchtet und die Dunkelheit der Winternächte vertreibt. Er symbolisiert die Hoffnung und das Licht, das Weihnachten in die Welt bringt.

1 - Vorbereitung

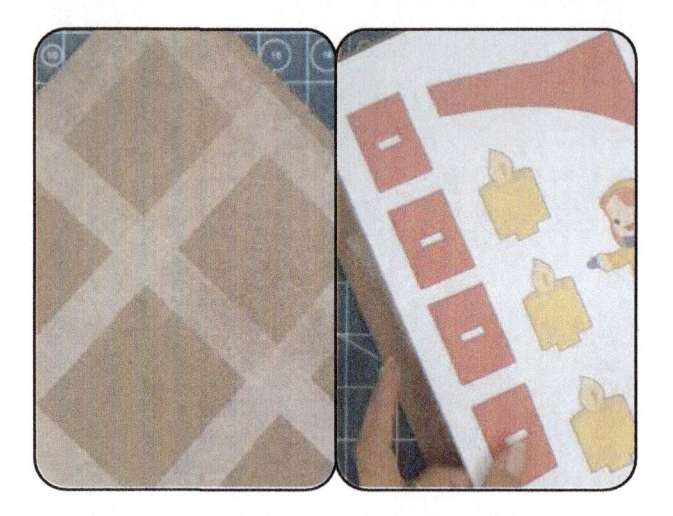

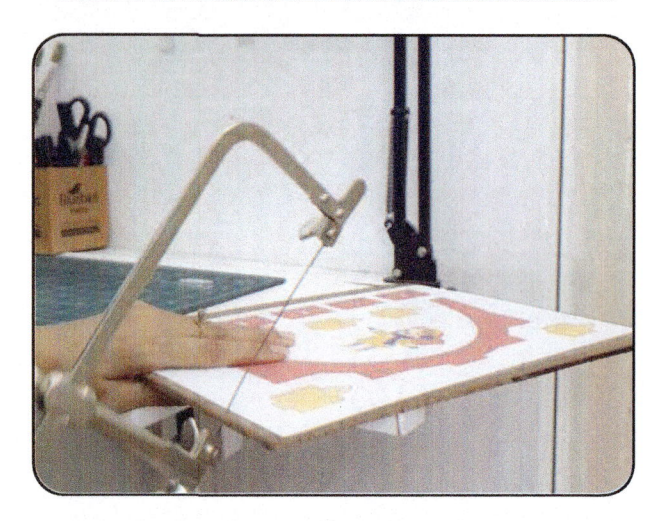

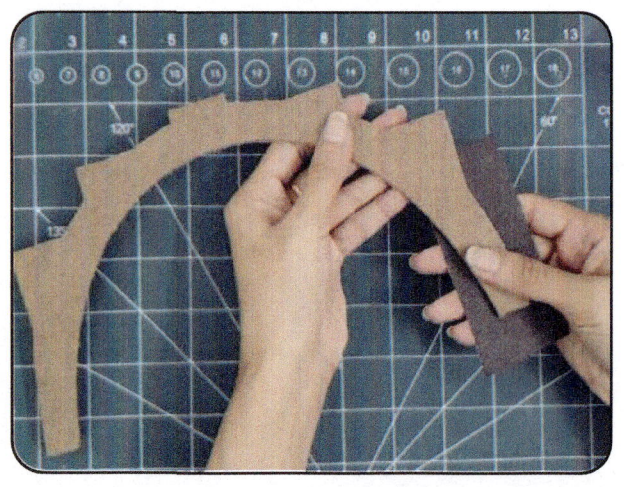

Suche alle benötigten Materialien, Werkzeuge und Farben zusammen und lege Sie übersichtlich auf den Tisch.

Schneide alle drei Vorlagenteile aus und klebe sie mit doppelseitigem Klebeband auf die Sperrholzplatten.

2 - Innenliegende Flächen

Bohre mit einem Handbohrer oder Akkubohrer ein Loch mit 2-3mm Durchmesser in die innen liegende Fläche der Kerzenhalter des Schwibbogens.

3 - Kontur ausschneiden

Säge alle Elemente des Schwibbogens entlang der Außenkonturen aus.

Arbeite bei den beiden Steckverbindungen vorsichtig und genau, da diese einen Einfluss auf den späteren Zusammenbau haben.

4 - Schleifen

Im nächsten Schritt werden alle Kanten der ausgeschnittenen Elemente geschliffen.

Teste zwischendurch immer wieder die Steckverbindungen, um nicht zu viel Material abzutragen.

5 - Übertragung der Details

Übertrage die Details der Kinder (z.B. Umrisse der Gesichter), der Geschenke, des Schneemanns und der Kerzen mit einem Bleistift auf die bereits ausgesägten Holzelemente.

Gerne kannst du auch am Schwibbogen weitere Verzierungen anbringen.

6 - Grundfarben aufbringen

Male die ausgeschnittenen Vorlagen mit einem Pinsel und deinen Lieblingsfarben an - starte dabei mit den Grundfarben.

Im Video siehst du das Bemalen dieser Vorlage im Detail. Schau es dir gerne an, wenn du beim Bemalen Hilfe benötigst.

7 - Akzente setzen

Sind die Acrylfarben getrocknet, kannst du Details wie Gesichter und Kleidung mit weiteren Farben oder Lackmalstiften hervorheben.

8 - Zusammenbau

Als Letztes werden alle Teile gemäß der Zusammenbauanleitung auf der nächsten Seite zusammengesetzt und verklebt.

Schau dir auch das Video als Hilfestellung für den Zusammenbau an.

Was man braucht

- 3x A4 Sperholzplastte d=4mm
- Laubsäge
- Laubsägetisch + Klemme
- Schleifpapier
- Doppelseitiges Klebeband
- Schere, Pinsel, Permanentmarker
- Acrylfarben
- Handbohrer

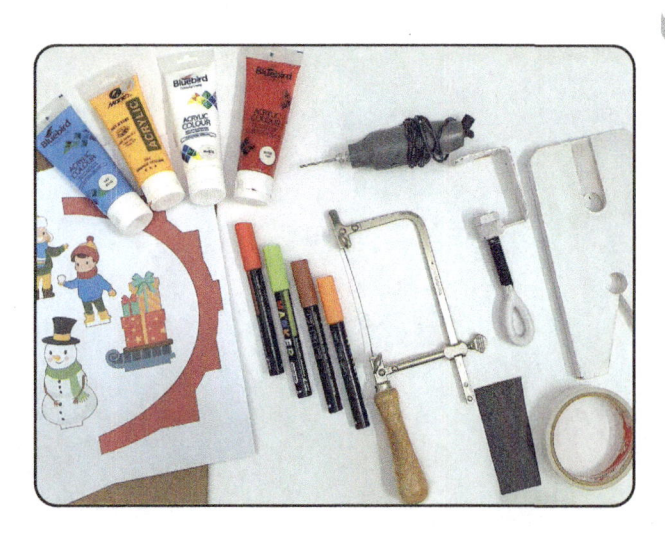

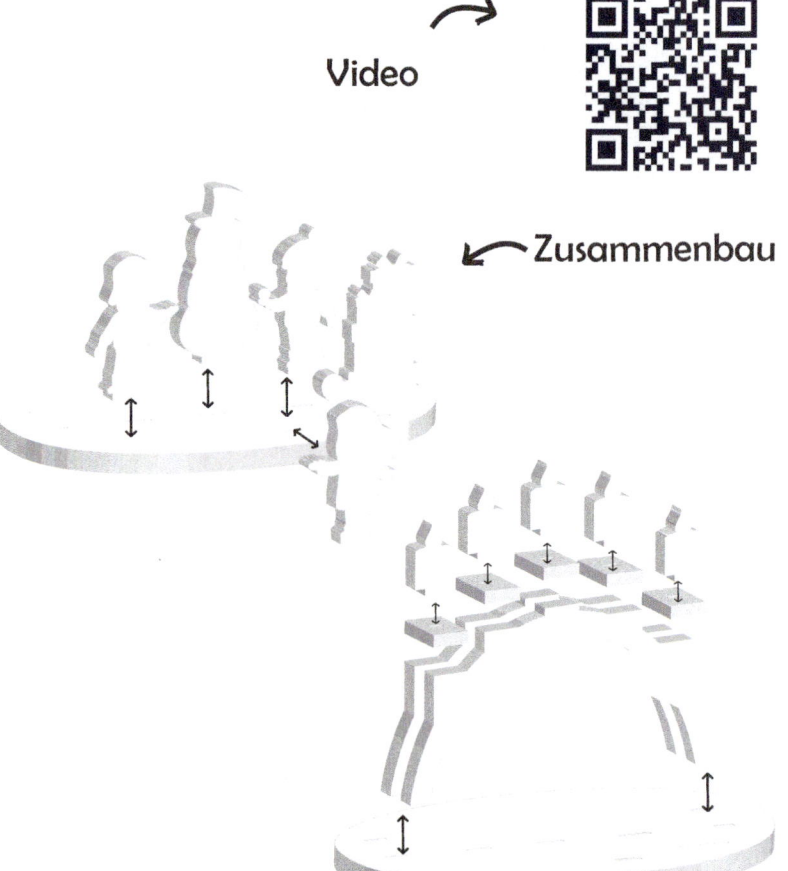

Video

Zusammenbau

Vorlage Schneemann - Teil 1

Vorlage Schneemann - Teil 2

Vorlage Schneemann – Teil 3

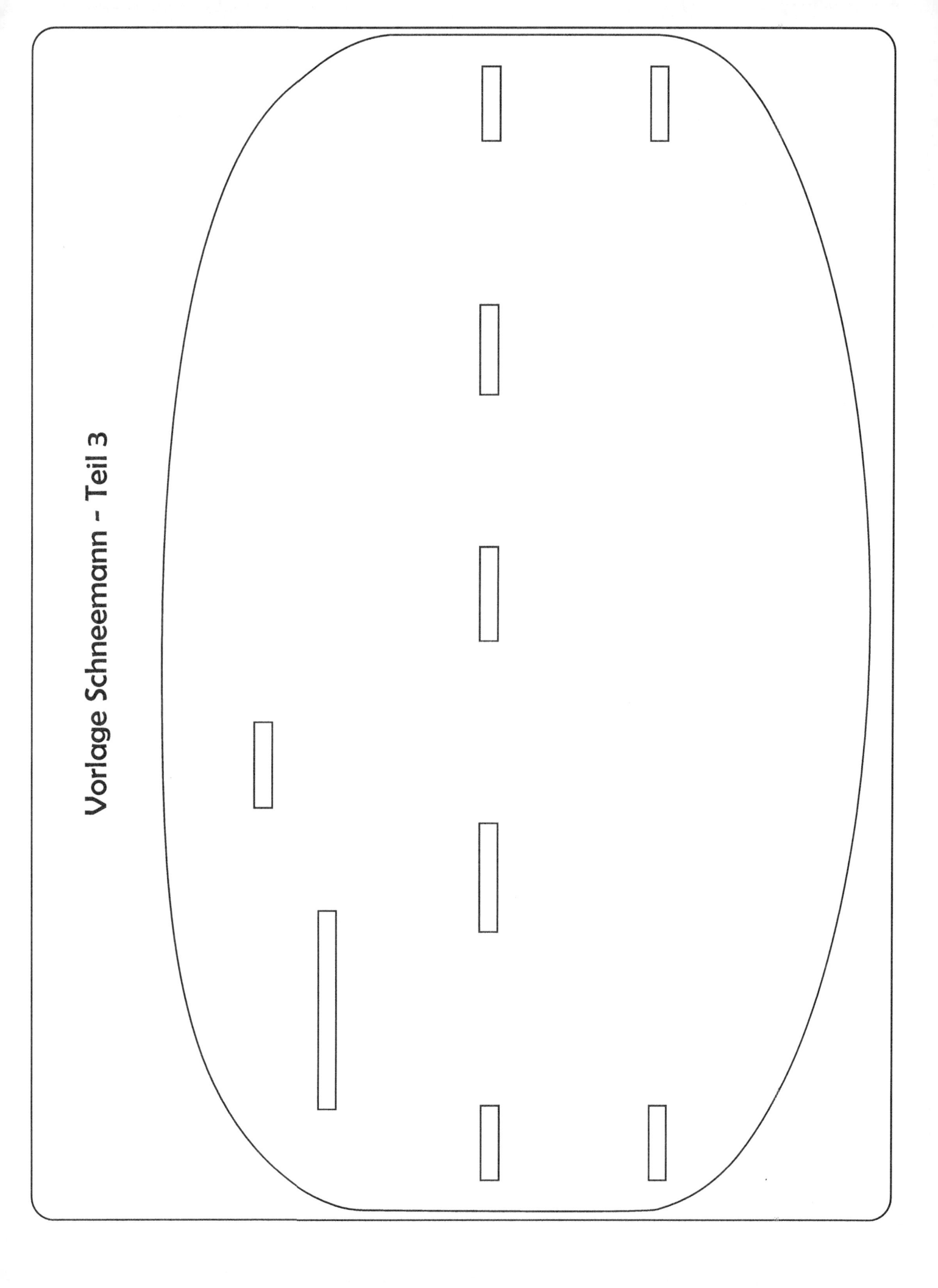

Weihnachtskrippe

Die Weihnachtskrippe erinnert an die bescheidene Geburt Jesu in einem Stall in Bethlehem. Als zentrales religiöses Symbol zeigen Krippen Maria, Josef, das Neugeborene und oft Hirten und Tiere. Die Krippe erinnert daran, dass Weihnachten letztlich um die Geburt Jesu und die Botschaft der Liebe geht.

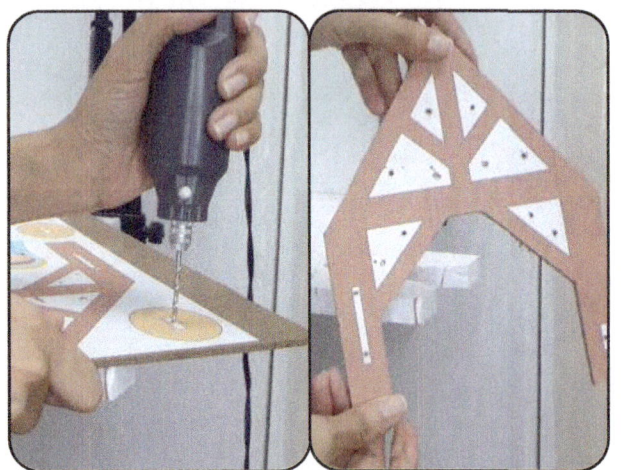

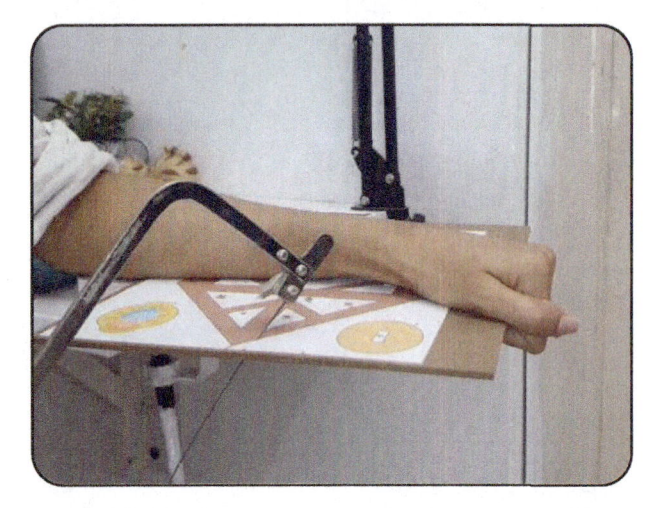

1 - Vorbereitung

Suche alle benötigten Materialien, Werkzeuge und Farben zusammen und lege Sie übersichtlich auf den Tisch.

Schneide alle fünf Vorlagenteile aus und klebe sie mit doppelseitigem Klebeband auf die Sperrholzplatten.

2 - Innenliegende Flächen

Bohre mit einem Handbohrer oder Akkubohrer ein Loch mit 2-3mm Durchmesser in die innen liegende Fläche der Weihnachtskrippe.

3 - Konturen ausschneiden

Säge alle Elemente des Schwibbogens entlang der Außenkonturen aus. Säge zudem die innen liegende Flächen aus. (siehe vorherige Vorlagen)

Arbeite bei den beiden Steckverbindungen vorsichtig und genau, da diese einen Einfluss auf den späteren Zusammenbau haben.

4 - Schleifen

Im nächsten Schritt werden alle Kanten der ausgeschnittenen Elemente geschliffen.

Teste zwischendurch immer wieder die Steckverbindungen, um nicht zu viel Material abzutragen.

5 - Übertragung der Details

Übertrage die Details der Figuren (z.B. Umrisse der Gesichter) und der Tiere mit einem Bleistift auf die bereits ausgesägten Holzelemente.

Gerne kannst du auch an den Wänden der Krippe weitere Elemente ergänzen.

6 - Grundfarben aufbringen

Male die ausgeschnittenen Vorlagen mit einem Pinsel und deinen Lieblingsfarben an - starte dabei mit den Grundfarben.

Im Video siehst du das Bemalen dieser Vorlage im Detail. Schau es dir gerne an, wenn du beim Bemalen Hilfe benötigst.

7 - Akzente setzen

Sind die Acrylfarben getrocknet, kannst du Details wie Gesichter und Kleidung mit weiteren Farben oder Lackmalstiften hervorheben.

8 - Zusammenbau

Als Letztes werden alle Teile gemäß der Zusammenbauanleitung auf der nächsten Seite zusammengesetzt und verklebt.

Schau dir auch das Video als Hilfestellung für den Zusammenbau an.

Was man braucht

- 5x A4 Sperrholzplatte d=4mm
- Laubsäge
- Laubsägetisch + Klemme
- Schleifpapier, Feile
- Doppelseitiges Klebeband
- Schere, Pinsel, Permanentmarker
- Acrylfarben
- Handbohrer

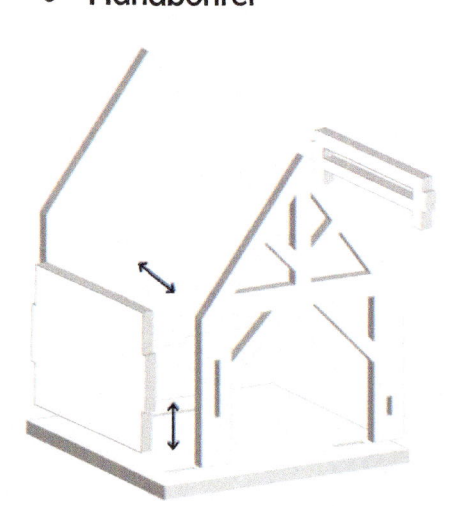

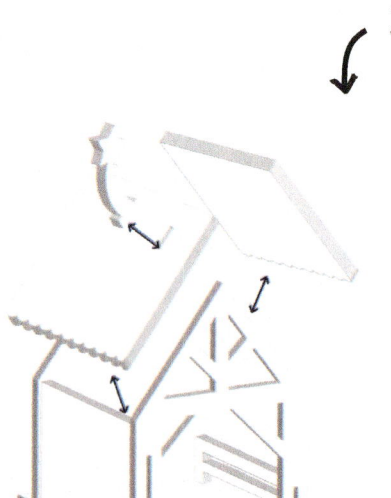

Video

Zusammenbau

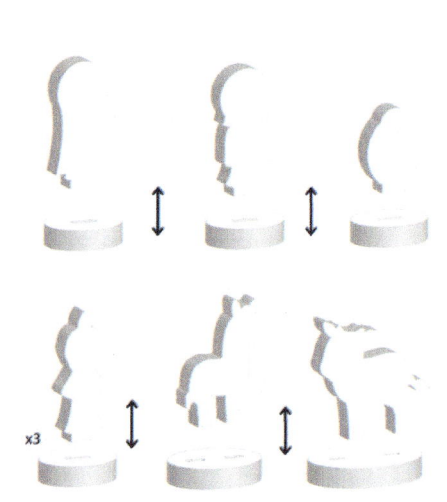

Vorlage Weihnachtskrippe - Teil 1

Vorlage Weihnachtskrippe - Teil 2

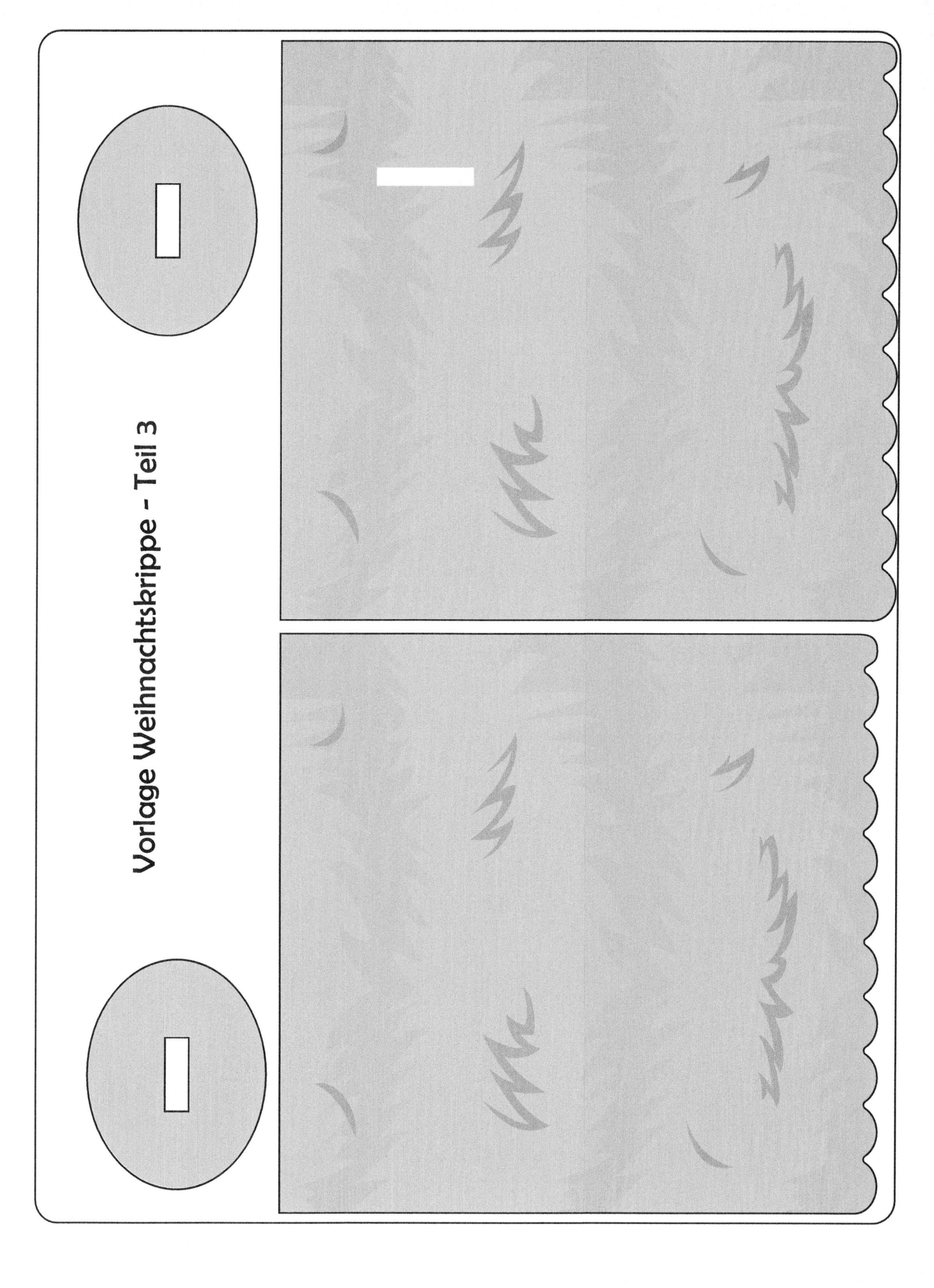

Vorlage Weihnachtskrippe – Teil 3

Vorlage Weihnachtskrippe - Teil 4

Vorlage Weihnachtskrippe - Teil 5

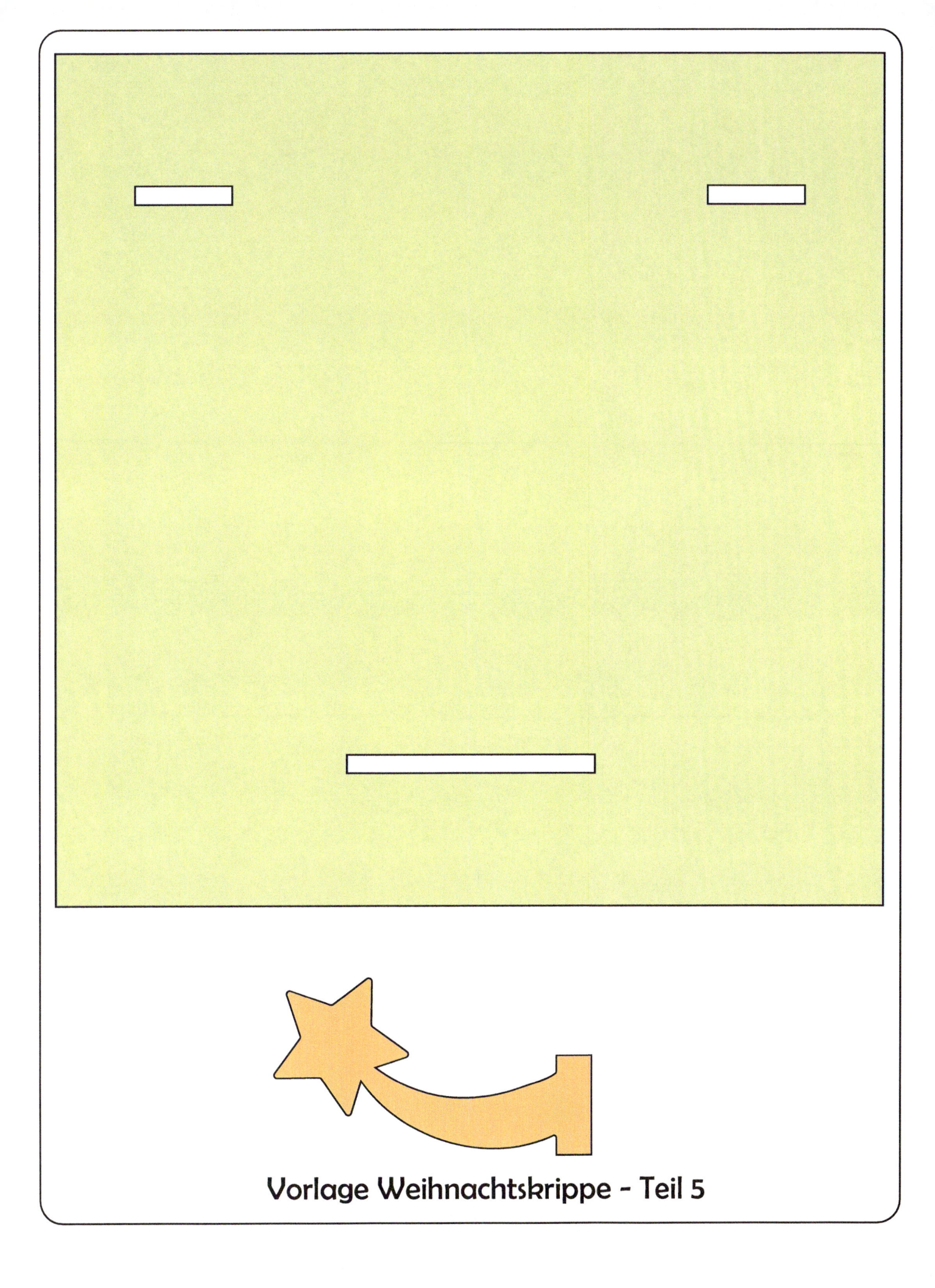

9. Videobereich

Als zusätzliche Unterstützung führt eine Videoanleitung
Schritt für Schritt durch die Erstellung aller Weihnachtsvorlagen.
Den Videobereich findest unter folgendem Link.
Nutze für den Zugang das unten stehende Passwort.

Link: https://vimeo.com/showcase/10599165

Passwort: #Frohe_Weihnachten!

Sollte ein Problem mit dem Videobereiich auftreten, schreibe uns eine Mail an die untenstehende Adresse.

10. Kontakt

Hast du Feedback zu diesem Laubsäge-Heft oder Fragen
dann schreibt uns gerne eine Mail an:

hallo@buchfreund.org

Wir kümmern uns so schnell wie möglich um dein Anleigen.
Vielen Dank.

Wenn du zufrieden mit diesem Holzbastelheft bist,
freuen wir uns über eine Bewertung bei Amazon.

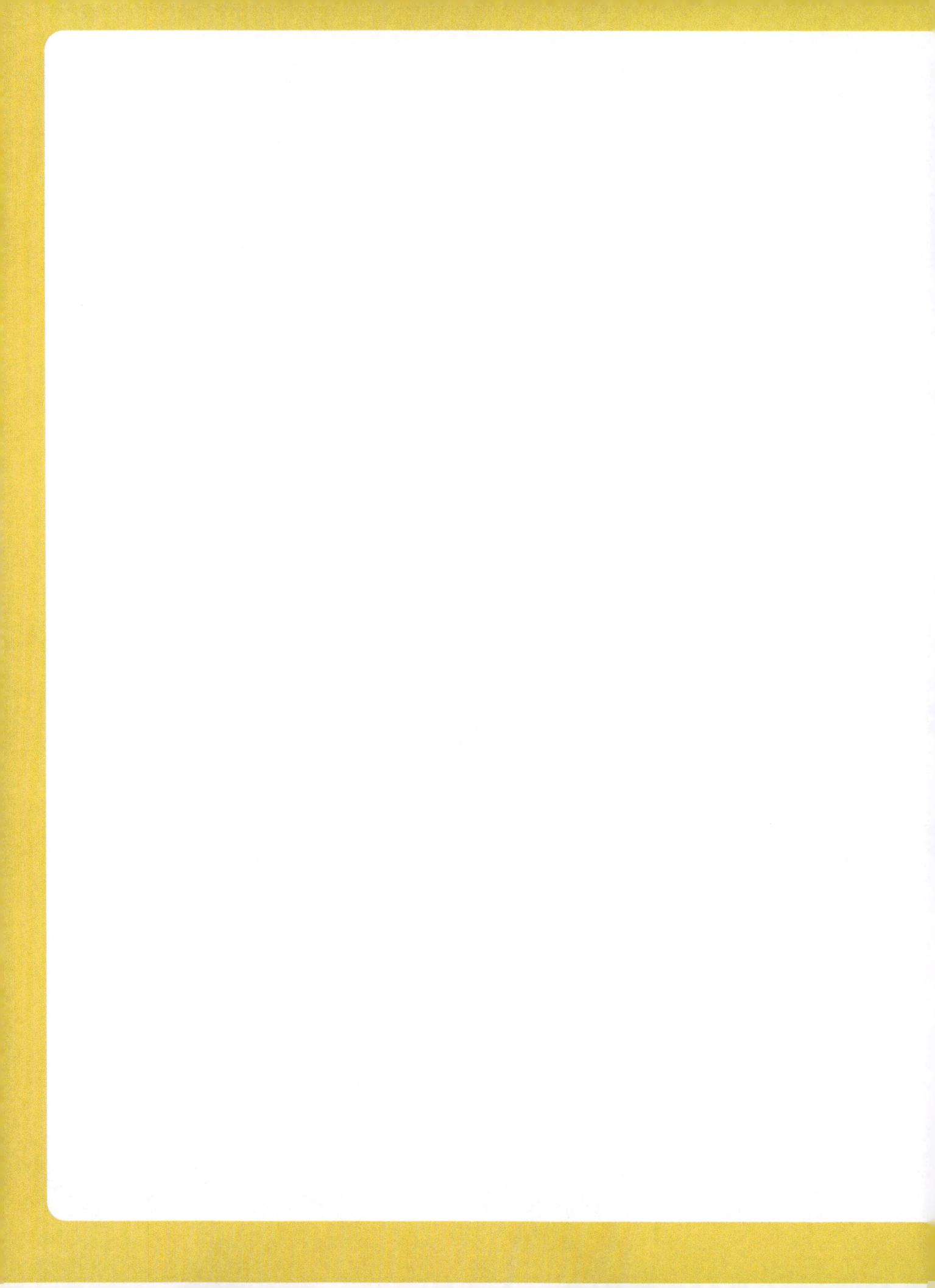

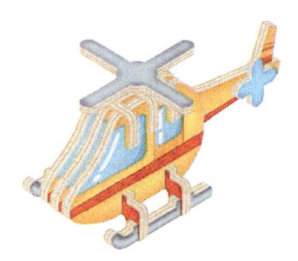

11. Weitere Laubsägevorlagen

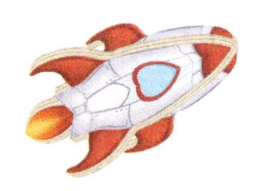

Laubsägevorlagen - Flugzeuge, Rakete, UFO, Helikopter & Zeppelin

Komm mit auf einen Reise durch die Lüfte und ins Weltall. Mit einfachen Handgriffen und Schirtt-für-Schritt-Anleitung entstehen selbst gebastelte Fulgzeuge, UFO, Rakete und Co. in drei Schwierigkeitsstufen mit Videos.

ISBN: 9798398516630

Auf Amazon.de erhältlich.

Laubsägevorlagen - DINOSAURIER

Einzigartige Urzeitwesen warten darauf mit Laubsäge, Sperrholz und Co. wieder zum Leben erweckt zu werden. Mit einfachen Handgriffen und Schirtt-für-Schritt-Anleitung entstehen 12 selbst gebastelte 2D- und 3D-Dinosaurier in drei Schwierigkeitsstufen.

ISBN: 979-8397493246

Auf Amazon.de erhältlich.

Impressum

Christian Kühn
Wiederitzscher Straße 6
04155 Leipzig

Printed by Amazon Italia Logistica S.r.l.
Torrazza Piemonte (TO), Italy